U0060002

簡單，不簡單的好日子

尋回失落的美好

前言

浮名浮利，休苦勞神；

嘆隙中駒、石中火、夢中身。

且陶陶，樂盡天真；幾時歸去，作個閒人。

對一張琴、一壺酒、一溪雲。

浮世滾滾，執著傷身，人生眨眼一瞬，何苦執迷於痛苦之中。讓我們淡定，讓生活簡單，找回那些失去已久的快樂吧。

淡定，是一種態度，遇事不亂、輕鬆自若，用冷靜的眼光綜觀世情；淡定，是一種力量，了悟人生、不以物喜，不以己悲，用平淡恬和的精神面對生命中的潮起潮落；淡定，更是一種人生智慧，從生命中最平凡無奇的日常中，發掘出最光明燦爛的美好。

因淡，而定。生命中的潮水縱如驚濤駭浪，不執著，便能超脫其中而站穩腳步。

花褪殘紅青杏小；燕子飛時，綠水人家繞。

枝上柳綿吹又少，天涯何處無芳草。

牆裡鞦韆牆外道；牆外行人，牆裡佳人笑。

笑漸不聞聲漸悄，多情卻被無情惱。

冬去春來，黑夜後總會黎明，生命中的明亮與黑暗就像一體的兩面，當你看到事物的陰影，就代表著必定有照耀它的光明。事物無情，快樂或悲傷，其實都源自於人。靜下心來，用淡定的心情審閱人生，你會發現快樂就像呼吸一樣自然，不驚不懼，不怒不悲。如果生命中快樂與悲傷各佔了50%，當我們撿起快樂、忘記悲傷，那麼，我們不就擁有了100%的快樂人生，不是嗎！

目錄

好日子，現在開始

你，最近是不是不大快活？

老天爺下什麼雨啦！同事可不可以不要這麼笨！老闆反反覆覆，煩死了！天氣熱死人了！老爸老媽怎麼那麼囉唆！為什麼朋友每次都愛遲到！

身邊的一切好像總是在跟自己作對，不但對任何事情都感到意興闌珊，對於未來也不再抱有什麼前途遠大的可笑志向。心情壞透了，生活好累，好無趣。

但你錯了！

事實上，你的生活沒有問題，是你的心態出了問題。

快樂與煩惱並存，希望與失望共生，正如任何事物的存在，就必定伴隨著陰影的產生。

下次，抬起頭來吧，你會發現你眼前的陰影，或許正是散發著芬芳的花朵；灰撲撲的影子，或許正是啁啾的鳥語；即便是漆黑的夜晚，或許我們也能靜下心來，聆聽夏夜蛙語的熱鬧。

生活中無處不自在，念頭一轉，你其實就是快樂。

簡單生活

做簡單的人

做簡單的人,簡單即是快樂,這些觀念似乎與現代人的追求有些格格不入,但這卻是從古至今一些智者的追求,是理想主義者的精神境界。

做簡單的人並不是說做一個頭腦簡單的人,或是刻意追求貧乏的人,而是讓我們在面對繁忙時敢於閒一閒,使我們在藍天白雲的簡練中忘卻煩惱,讓我們對自己說:「天下本無事,庸人自擾之。」然後心平氣和地從一大堆瑣事中理出頭緒。

隨著生活水準的提高,人們越來越不簡單了,就連樸實的農民也想超越城市富人的生活,於是煩惱也就隨之越來越多,為什麼會這樣呢?

其原因是我們在鋼筋水泥構築的叢林中穿行,大家經常奔波在路途之上,面對那些金

簡單,是一種享受,並非全無根據。「簡單些,簡單些,再簡單些。」美國大思想家亨利·大衛·梭羅寫道:「我說讓你們的事像一、二、三那麼簡單,而不是一百、一千。」否則,你得到的不是快樂,而是無盡的困惑。

錢和俗利，互相猜疑，斤斤計較，不但忘記了友誼，忘記了親情，還記了家庭，甚至忘記了照在身上的陽光。

身為現代人，你是否曾經這麼驚嘆過：「看！好美的夕陽啊！」夕陽西下這是每天都有的事情，為什麼會讓你這麼興奮呢？或許就是因為我們一直在追求不簡單的生活，而忽略了「身邊單純的美好」。

悲哀的人們確實該醒醒了，生活的目標不僅僅只是為了生存。

要想做簡單的人，首先要學會抓住生活的核心，過一種高效率的生活，而不為生活繁瑣刻板的一面所禁錮。做簡單的人不是對工作敷衍了事，不負責任，而是分清主次，一針見血地深入實質，精益求精。從某種意義上講，做簡單的人正是善於從主體上把握事物的脈絡。

其次，做簡單的人不要太虛偽，不自欺欺人，不故作高深，不在錯綜複雜的關係網中作繭自縛。這就需要真誠，需要坦率，需要求實，需要勇氣，需要不斷捨棄那些心靈的累贅和種種執迷，不去計較個人的得失，以一種博大的心胸去海納一切。

再次，做簡單的人不是變得幼稚，更不是一種退化，而是在經歷人生的風風雨雨後，對生命作更高層次的回歸。做簡單的人並不是要我們頭腦簡單，不做思考，而是要我們洗淨心靈的積垢，保持心靈的簡約與寧靜，不為紛繁所擾。

011

簡單的人不一定是旁徵博引的哲人，卻能是一個洞悉世界的智者。認識世界不只靠博聞強記和繁瑣的推證，那些熟稔自然、超然頓悟的大師往往是有一顆簡單純樸之心的人，簡單本身就是捷徑，是輕鬆，是自由。「給我一個支點，我可以撬起地球！」簡單有時就像阿基米德所說的那樣不可思議。

簡單的才是快樂的

簡單生活的意義在於活得有價值，說自己想說的話，想自己想做的事，走自己喜歡的路，就算別人說自己又如何？生活中常常感嘆自己不幸的人，大多數並不是因為幸運之神從未關照過他，而是因為他的心靈空間塞滿了物欲，無法對已經擁有的一切感到滿足。

每個人都有自己關於幸福的定義。有一位偉大的文學家曾在自己的小說裡這樣理解幸福：「幸福就是與一個簡單的人，一起過一種簡單的生活，我們相親相愛，彼此是對方心中最在乎的人。」

「雙方都有自己的事業，白天都在自己上班的地方忙碌。傍晚，我們回到位於郊區的小家，共同分享家的溫馨。週六日我們一起去郊遊，或者到菜市場與菜販討價還價，準備晚餐。老了以後，大家一起在家下下棋，看看報，早晨一起去公園晨練，一起和孩子們聊天……。」

多麼幸福的生活啊！雲淡風輕，如淡淡的茶，只有品才知道味道，沒有牽愁動恨，也不需要海誓山盟。生活本來就應如此，正因為平淡，所以才真實。那些海枯石爛，驚天動地，煽情催淚的愛情故事，只會出現在電視、電影和文學作品當中，既然是虛擬的東西，本身就與現實生活無關。快樂並非複雜，關鍵看你怎麼對待。

大凡思想複雜的人，是沒法活得輕鬆的；貪名好利的人，心靈是不會自由的。勾心鬥角使人心情沉重，物質的勞役則剝奪心靈的灑脫無羈，活得簡單也就活得自由，少了許多東西，也就少了許多忙碌，當少了物質之累，自然也就少了心靈之累。

在美國政治思想史上的巨人──梭羅，他的思想如同他簡單而又獨特的生活方式一樣，在大多數時間中都處於隱遁狀態。

一八四五年初春的一天，梭羅借來一把斧頭，走進康科特附近瓦爾登湖畔的森林，建造了一棟自己的林中小屋，並在一個清風拂面的夏日，搬進了這間小屋。

一種新生活開始了！梭羅在這裡割斷了他與社會之間大部分無謂的「塵緣」。用○・二七美元維持一周的生活費用，在一年中以六個星期的時間，賺取一年的開銷，剩餘的四十六個星期，則做他喜歡的事情。

總之，他以他的行動將聖經上的古訓顛倒過來，他說人在一個星期中應該用一天時間工作，其餘六天做自己想做的事情。

他漫步、觀察、閱讀、寫作、沉思，全然出自於自我的喜好，無任何社會的強迫。更

重要的是，梭羅在大自然的漫遊中，與大自然如此貼近的生活裡，體驗到人與自然萬物

及內蘊神秘精神的和諧，與自然水乳交融之中感悟到生命的本意，並從中獲得了一種生

命昇華的體驗：「最接近萬物乃是創造一切的一股力量！」

他使我們有了思想，「我們可以在清醒的狀態下，歡喜若狂，只要我們心靈有意識地

努力，我們就可以高高地超乎任何行為及後果之上，一切好事壞事，就像奔流一樣，從

我們身邊經過，我們並不完全是在大自然之內糾纏不清的，我們可以是急流中的一片浮

木，也可以是從空中望著下面的因陀羅。」

為此他找到了屬於自己的生活，他用這樣熱情洋溢的筆調，來描寫他的林中生活和感

受：「每一個早晨都是一個愉快的邀請，使得我的生活跟大自然同樣的簡單，也許我可

以說，是同樣的純潔無瑕。」

「我向曙光頂禮，忠誠如同希臘人，我起身很早，在湖中洗滌，這是一個宗教意義的

運動，我所做的最好的一件事。在最早的黎明中，我坐著，門窗大開，一隻看不到也想

像不到的蚊蟲在我的房中飛，它那微弱的吟聲都能感動我，就像我聽到了宣揚美名的金

屬喇叭聲。」

「這是荷馬的一首安魂曲，空中的《伊利亞特》和《奧得賽》，歌唱著它的憤怒和漂

泊，此中大有宇宙本體之感，宣告著世界的無窮精力與生生不息……。」總之，在拋棄塵世，探求與自然接近的體驗中，梭羅向我們展示了他快樂並幸福地生活著。

後來，他提出了一條著名的格言：「簡單些，簡單些，再簡單些！」

如今的繁華，使得我們早已對簡單陌生了，反而為了金子、車子、房子等拚命，有的時候像狗一樣活著，像牛一樣勞累，這難道是世人所說的「活得好」嗎？如果等到年老後才明白這一切是虛幻的，豈不是太殘忍了？

其實簡單生活只是一個概念，並非不能更動的教條，任何刻意的生活，都是沒有樂趣的。適合自己的生活方式才是最幸福最簡單的，就好像一條小金魚為什麼可以在魚缸裡活得好一樣，就是因為這個魚缸的大小適合小金魚的生存，人也一樣，要找適合自己生存的「魚缸」。

不能再解釋下去了，越解釋越複雜，關鍵在於自己如何對待，不過有一句話還是沒錯的——快樂就是如此簡單。

心態決定一切

經常聽人這麼說：「活得很累，活得很窩囊，活得很無聊……。」他們總覺得出現這種煩惱的主要原因，都是由外界的客觀因素所引起，其實這是種錯誤的想法，為什麼我們不去審視一下自己面對生活的心態呢？

積極的正面力量

很多人面對人生失敗的困境，屢遭挫折的煎熬，無人幫忙的無奈時，往往是埋怨自己的家境、學歷的淺薄、工作的不適合……可是對自己的冷漠、無知、懶惰、迷茫、軟弱、輕視等消極心態卻視若無睹。

承受生活好與壞的主體是自己，不是別人。很多事實證明，活得累多是自己心智未開，窩囊多是自己無能，貧窮多是自己觀念未改和懶惰的結果。

俗話說：「積極的人，像太陽，照到哪裡哪裡亮；消極的人，像月亮，初一十五不一樣。」好的心態決定好的命運。「你的心態就是你生活的主人，它決定了你是否生活得幸福。」這是一位哲人說過的話，你生活得好與不好，關鍵在於自己所選擇的心態。

一個會享受生活的人，他的心態肯定也是積極的，這樣的人總能對人生表現出一種自信，一種生命力，並讓財富、成功、幸福、快樂和健康向他靠攏。一個喜好逃避生活的人，總是懷有一種消極的心態，具有「求敗性格」，表現為悲觀、恐懼、麻木、脆弱，這種心態是心靈的疾病和垃圾，它排斥財富、成功、幸福、快樂和健康。

試問，懷有這種心態的人，怎麼能感受到生活的溫暖呢？如何活得好？所以，心態不僅是可以讓我們活得好的素質，也是能力，更是生產力。

有這麼一個小故事，想必大家都有所耳聞。在美國，有兩位老太太是十分要好的朋友，並且都已年近七十歲了。

其中一位老太太認為，到了這個「古來稀」的年紀可謂是人生的盡頭，哪還敢再奢望或者討論關於「活得好」的話題啊，於是整天都在想自己的後事，由於整天憂鬱寡歡，這位老太太在第二年的冬天就去世了。

另一位老太太則這樣認為，一個人的生活過得好與不好，跟年齡的大小沒有關係，而是在於自己對生活的選擇，我雖然七十歲了，但我依然可以找到讓自己活得好的途徑。

於是，她在七十歲高齡之際，不顧家人的反對開始嘗試登山的樂趣，她覺得登山不僅可以鍛鍊身體，延長壽命，更重要的是可以使自己飽覽大自然的風光。

這位老太太從七十歲開始爬山，前後二十多年，她不僅征服了許多名山，更以九十五

歲的高齡登上日本的富士山，打破攀登此山年齡最高的紀錄，她就是著名的胡達‧克魯斯老太太。

七十歲開始學習登山，這是一大奇蹟。當記者們採訪克魯斯老太太時，她精神的愉悅和幽默的語言感染了所有在場的記者，有位記者問：「您的精神這麼好，又如此長壽，有希望打破金氏世界紀錄……不過，我很想知道您活得好的秘密，是因為爬山運動練就的嗎？」

「不是，是我選擇生活的心態。有了一個好心態，我才會選擇爬山，才會選擇生活，才能得到生活給我的一切，包括健康、幸福……。」克魯斯老太太微笑著回答了記者的每一個問題。

心，決定一切

翻開佛家經書，我們經常會看到「物隨心轉，境由心造，煩惱皆由心生。」這類話語，說的就是一個人有什麼樣的精神狀態，就會產生什麼樣的生活品質，歌德也曾經說過：「人之幸福在於心之幸福。」

雖然生活有真實，也有虛幻；有陰暗，也有晴朗；有暴風雪，也有風和日麗；有高潮，也有沉悶……但我們要想活得好，就要用「心」去尋找積極的一面。正如明朝的陸

紹珩在《醉古堂劍掃》中寫得：「田園有真樂，不瀟灑終為忙人。誦讀有真趣，不玩味終為鄙夫。山水有真賞，不領會終為漫遊。吟詠有真得，不解脫終為套語。」

同樣，法國雕塑家羅丹也曾說過：「對於我們的眼睛，不是缺少美，而是缺少發現。」生活裡有著許許多多的美好，許許多多的快樂，關鍵在於我們能不能發現，而要發現美好，關鍵在於自己。

為什麼有的人就是比其他的人更成功，賺錢更多，擁有的工作更好，人際關係更廣，身體更健康……似乎他們天生就是比別人過得好，而許多忙忙碌碌的人卻只能維持生計，這到底是什麼原因？

難道人與人之間會有這麼大的區別嗎？如果差別不是很大，那又為什麼有許多人能夠獲得成功，能夠克服萬難去建功立業，有些人卻不行？終於，心理學專家們找到了答案，那就是——人與人的心態不一樣。

一個世紀前，南非某貧窮的鄉村裡，住著一對十來歲的小兄弟。為了謀生，兄弟兩人決定離開家鄉，到外地去工作。於是，大哥被奴隸主賣到了富庶的舊金山，弟弟則被賣到很窮困的菲律賓。

四十年轉眼即過，哥哥在舊金山的繁華鬧市擁有一間餐館和一間雜貨鋪，雖然不是很富有，但也算是過上了溫飽生活，並且子孫滿堂。

而弟弟呢？居然成了一位享譽世界的銀行家！不僅擁有東南亞相當數量的橡膠園和銀行，而且子孫們一個個都是金融界的明星。經過幾十年的努力，兄弟倆都成功了，但為什麼他們在事業上的成就，卻有如此的差別呢？

兄弟相聚，不免談談分別以來的遭遇，哥哥說：「我雖然被賣到了富庶的舊金山，但我總覺得我們黑人到白人的社會，要想過上幸福的生活，唯有用一雙手煮飯給白人吃，為他們洗衣服……於是，白人不肯做的工作，我們黑人統統頂上了。生活是沒有問題的，但做大事業卻不敢奢望。」

「例如我的子孫，書雖然讀得不少，但我還是教導他們不要妄想進入上層的白人社會，安分守己地去擔當一些中層的技術性工作來謀生就可以了。」

看見弟弟這般成功，哥哥不免羨慕弟弟的幸運，但弟弟卻說：「幸運是沒有的，初到菲律賓的時候，我一樣只能擔任些低賤的工作，但我不甘心做這些事情，我的心裡時刻記著要過上流社會的生活。」

「後來我發現當地人有些比較愚蠢和懶惰，於是便接下他們放棄的事業，慢慢地不斷收購和擴張，後來生意就這樣逐漸做大了。」

這個故事告訴我們：影響我們人生的絕不僅僅是環境，心態控制了個人的行動和思想。同時，心態也決定了自己的視野、事業和成就。

一個人能否成功，就看他的態度。成功者與失敗者之間的差距在於：成功者始終用最積極的思考，最樂觀的精神和最輝煌的經驗，支配和控制自己的人生；失敗者則剛好相反，他們的人生是受過去的種種失敗與疑慮所引導和支配的。

有些人總喜歡說，他們現在的境況是別人造成的，他們的想法是無法實現的。但事實是，我們的境況不是周圍環境造成的。說到底，一個人活得好與不好，完全由我們自己的心態決定。

正面的力量

活得好與不好,在每個人的心中都有著不同的定義,但毋庸置疑的是,每一個人都渴望活得好,想要追求美好的生活。

在普通人看來活出真正的幸福或許遙不可及,但實際上,活得是否幸福,就在於「易如反掌」這個動作,假設手心代表幸福,手背代表不幸福,這就要看你如何去反掌。

積極心態是幸福的起點

有一位成功學大師把人的心態比作一枚硬幣,硬幣的一面代表積極心態,另一面代表消極心態,選擇什麼樣的心態處事,就意味著擁有什麼樣的生活。

在現實生活中,雖然有很多人都玩過「擲硬幣猜輸贏」的遊戲,卻不懂得如何選擇心態去處事,總是把眼光侷限於自己生活中所遇到的不如意,然後帶著這種消極心態去生活,這樣怎能活出幸福呢?

積極的心態是幸福的起點,它能激發你的潛能,愉快地接受意想不到的任務,接納意想不到的變化,寬容意想不到的冒犯,做好想做又不敢做的事,獲得他人所期望的發展

機遇，這樣一來，你自然也就會超越其他人。

若是消極的思想壓著你，那就像一個要長途跋涉的人背著無用的沉重大包袱一樣，這會使你看不到希望，也會失掉許多唾手可得的機遇。

在澳大利亞的一個池塘邊，有兩隻青蛙在快樂地覓食，一不留神，這兩隻青蛙一起掉進了路邊的一個牛奶罐裡。牛奶罐裡的牛奶雖然不多，但是足以讓兩隻青蛙體驗到什麼叫滅頂之災。

一隻青蛙想：「完了，完了，全完了。這麼高的牛奶罐，我是永遠也出不去了。」於是，牠很快就沉了下去。另一隻青蛙在看見同伴沉沒於牛奶中時，並沒有一味放任自己沮喪、放棄，而是不斷告誡自己：「上帝給了我堅強的意志和發達的肌肉，我一定能夠跳出去。」牠每時每刻都在鼓起勇氣，用盡力量，一次又一次奮起、跳躍——生命的力量與美展現在牠每一次的搏擊與奮鬥裡。

不知過了多久，牠突然發現腳下的牛奶變得堅實起來。

原來，牠的反覆跳動，已經把液狀的牛奶變成了一塊乳酪。不懈的奮鬥和掙扎終於換來了自由的那一刻，牠從牛奶罐裡輕盈地跳了出來，重新回到了幸福的池塘裡。而那一隻沉沒的青蛙就這樣留在了那塊乳酪裡，牠做夢都沒有想到會有機會逃離險境。

遠大的理想和明確的目標是積極心態者的重要表現，沒有遠見的人只看到眼前的、摸

得到的與身邊的小事，個人的精力全被這些瑣事消耗掉。相反地，有遠大理想的人具有遠見，遠見不僅使人站得高，看得遠，看到有重大意義的事，而且能使之成為明確的目標，採取積極的行動去實現它。

每個幸福者都有明確的自我發展目標，他們腳踏實地，堅韌不拔，不斷地實現具體目標，不斷地體驗幸福感，以激發內在的動力，直至達成偉大的目標。

生活是有雙面性的，人也是有雙面性的，關鍵在於你怎樣去審視，怎樣去選擇。面對太陽，揚起你的笑臉，你所見到的將是燦爛的世界；背對太陽，你看到的只會是自己的影子，那將使你舉步維艱，離幸福越來越遠。

有一匹老馬，掉到了一個廢棄的枯井裡，枯井很深，根本爬不上來，主人看牠是匹老馬，懶得去救牠，打算讓牠在那裡自生自滅。

那匹老馬一開始也放棄了求生的希望，而且每天還不斷地有人往裡面倒垃圾。按理說老馬應該很生氣，應該天天去抱怨，這麼倒楣掉到了枯井裡，主人還不要牠，就算死也不讓牠死得舒服點，每天還有那麼多垃圾扔在牠旁邊。

可是有一天，牠決定改變自己的心態，牠每天都把垃圾踩到自己的腳下，從垃圾中找些殘羹來維持自己的生命，而不是被垃圾淹沒。終於有一天，牠重新回到了地面上。

在現實生活中，對於任何一個人來說，並不是永遠都會一帆風順，其實更多的時候是

敢想敢做才敢贏

誠然，世界上的窮人確實太多了，但他們只是甘於過窮日子，從來沒有想過自己為什麼這麼窮，從來沒有站出來說一句：「窮，也要站到富人堆裡！」他們沒有認清自己還有選擇成功的餘地。

我們每天聽到的都是這樣的話：「我很喜歡那個東西，但是我買不起。」、「我花不起」。沒錯，你是買不起，但不必掛在嘴上，如果你不斷地說：「我買不起。」那你一輩子真的會這樣「買不起」下去。

選擇一個比較積極的想法，你應該說：「我會買的，我要得到這個東西。」當你在心中建立了「要得到」、「要買」的想法，你就同時有了期待，心裡就有了追求它的激情。

千萬不要摧毀你的希望，一旦你捨棄了希望，那麼你就把自己的生活引入了挫折與失望中。不管你希望擁有財富、事業、快樂，還是期望別的什麼東西，都要以一種積極的態度和行動去得到它。

洛克菲勒在他還不出名的時候曾說過：「有一天，我要變成百萬富翁。」後來他果然

不如意，但無論現實多麼不如人意，我們也可以慢慢積累能量和實力。很多時候，決定這一切的是心態，有了正確積極的心態，就可以將壓力轉化為動力，踏上成功的舞台。

實現了願望。所以，你應該瞭解，一切你想要得到的東西在還未實現之前，本來都只是一些想法。你的經濟情況也一樣，要先有想法，然後才會變成現實。

想法改變了，外在改變也會隨之而來，這可是一條永遠不變的法則。如果你經常說「我付不起」、「我永遠得不到」、「我註定是窮人的命」……那你就封閉了通往幸福的路。

只有不時地進行選擇性的思考，才會改變想法和現實。必要的時候，不妨運用一下想像力，你會發現以前不敢奢望的好運會降臨，生命會有轉機，你的生命會出現一種嶄新的面貌。

這種威力——即積極心態的選擇，如果運用得法，將能使生活盡如人意。

幸福的兩端——工作與喜好

每個人都有自己的愛好，哪怕他的愛好是發呆；同樣，一個人通常也會有工作，就算他的工作是乞討，也算是一份工作。對大部分人來說，工作往往是被迫的，意味著痛苦；愛好則是自發自願的，意味著開心幸福。每個人都喜歡自己的愛好，卻不一定喜歡自己的工作。

不愛的工作又如何能做好

有人說：「興趣是最好的老師。」很多成功人士都是天生對某種東西有愛好，或是從小耳濡目染產生了愛好，並畢生追求，最終將愛好與工作結合。有一位著名的畫家就是這樣，一輩子只痴迷於畫畫，不喝酒抽煙，不應酬交際，把孤獨當作享受，將畫畫視為生命。他曾告訴別人，這一輩子能將自己的愛好與工作結合在一起是最幸福的。現在，他已七十歲了，每年仍然要到名山大川遊歷寫生，在美景面前，他就像個孩子一樣興奮，他賦予風景生命，而風景也滋養著他的生命。

如果不是自己的喜好，只會意味著痛苦，就連「皇帝」這樣一個人人眼紅的職位都有

人不願意做，明熹宗朱由校就是一個把全部精力投入到愛好中而拋棄工作的人。

明熹宗朱由校在歷代帝王中是很有特色的一個皇帝，他心靈手巧，對製造木器有極濃厚的興趣，凡刀鋸斧鑿、丹青揉漆之類的木匠活，他都要親自動手。他自己造的漆器、床、梳匣等，均裝飾五彩，精巧絕倫，出人意料。

史書上記載：明代天啟年間，匠人所造的床，極其笨重，十幾個人才能移動，用料多，樣式也極普通。熹宗便自己琢磨，設計圖樣，親自鋸木釘板，一年多工夫便造出一張床來，床板可以折疊，攜帶移動都很方便，床架上還雕鏤有各種花紋，美觀大方，為當時的工匠所嘆服。

熹宗還善用木材做小玩具，他做的小木人，男女老少，具有神態，五官四肢，無不具備，動作維妙維肖。熹宗還派內監拿到市面上去出售，市人都以重價購買。

熹宗好蓋房屋，喜弄機巧，常常是房屋造成後，高興得手舞足蹈，反覆欣賞，從不感到厭倦，把治國平天下的事，早就拋到腦後，無暇過問。奸臣魏忠賢當然不會錯過這個良機，他常趁熹宗引繩削墨，興趣最濃時，拿上公文請熹宗批示，熹宗覺得影響了自己的興致，便隨口說道：「我已經知道了，你盡心照章辦理就是了。」

潛心於製作木器房屋的熹宗，便把上述公務一概交給了魏忠賢，魏忠賢藉機排斥異己，專權誤國，而熹宗卻耳無所聞，目無所見，可歎他是一名出色的工匠，卻使大明王

028

朝在他的這雙手上搖搖欲墜。

明熹宗既然是天子，必然會有至高無上的權威，享不盡的榮華富貴，但天子的身分也使他必須用心朝政，治國平天下。可他卻不喜歡這份工作，如果他不做皇帝，肯定會是一個很好的木匠，魯班第二也未嘗不可，但悲劇在於他沒辦法選擇自己的工作，歷史給他的評價也只能是：玩物喪志。

不愛，又如何能盡心？

讓每個人都快樂的兩條守則

漢德．泰萊是紐約曼哈頓區的一位神父。那天，教區醫院裡一位病人生命垂危，他被請過去主持臨終前的懺悔。他到醫院後聽到了這樣的一段話：「仁慈的上帝！我喜歡唱歌，音樂是我的生命，我的願望是唱遍美國。作為一名黑人，我實現了這個願望，我沒有什麼要懺悔的。」

「現在我只想說，感謝您，您讓我愉快地度過了一生，並讓我用歌聲養活了我的六個孩子。現在我的生命就要結束了，但死而無憾。仁慈的神父，現在我只想請您轉告我的孩子，讓他們做自己喜歡做的事吧，他們的父親會為他們感到驕傲。」

一個流浪歌手，臨終前能說出這樣的話，讓泰萊神父感到非常吃驚。因為這名黑人歌

029

手的所有家當，就是一把吉他，他的工作是每到一個地方，就把頭上的帽子放在地上，開始唱歌。四十年來，他用蒼涼的西部歌曲，感染了他的聽眾，從而換取那份他應得的報酬。

黑人的話讓神父想起五年前曾主持過一次臨終懺悔，那位富翁的懺悔竟然和這位黑人流浪歌手差不多，他對神父說：「我喜歡賽車，我從小研究它們、改進它們、經營它們，一輩子沒離開過它們。這種愛好與工作難分，閒暇與興趣結合的生活，讓我非常滿意，並且從中還賺了大筆錢，我沒有什麼要懺悔的。」

白天的經歷和對那位富翁的回憶，讓泰萊神父陷入思索，當晚他寄給報社一封信，信裡寫道：「人應該怎樣度過自己的一生才不會留下悔恨呢？我想也許做到兩條就夠了。第一條，做自己喜歡做的事；第二條，想辦法從中養活自己。」後來，泰萊神父的這兩條準則，被許多美國人信奉為生活信條。

做自己喜歡做的事，生活才能愉快；想辦法從中賺到錢，才能獲得經濟保障。果真實現了這兩條，那麼幸福就在你身邊了。

現實生活中，大部分的人都不能把兩者統一起來。記得曾有一本書說窮人並不是沒有理想，是因為理想並沒有實現罷了；又或許就像另一本書上說的，我們並不是不想把愛好和工作相結合，只是由於現實的生活不讓我們把工作和愛好合二為一。

那麼面對我們不得不做的工作，我們該怎樣呢？想想如果我們做同樣的一件事情，一個是帶著快樂的心情去做，一個是帶著痛苦的心情去做，哪個會做得比較好？答案肯定是快樂地去做，因為這樣會做得又開心又好，而且帶著快樂的心情去做工作會出現意想不到的結果，所以希望每一個人都能快樂地工作，快樂地生活。

有時我們會因為愛好而成功，有時我們又會因成功而有愛好，因此，如果把工作視為一種痛苦，說明你在這項工作中還不夠出色，努力還不夠，這時你得逼迫自己把工作當愛好來做。一旦成功了，你就會嘗到努力得到回報的樂趣，也許就會真的把工作當愛好了。

但這時你又得清醒，不要放棄生活的樂趣，因為工作畢竟不是生活的全部。就像成功時我們常常將工作當事業，遭遇挫折時，我們又能回復清醒，重新將工作當職業。成功時不要放棄業餘愛好，失敗時要努力愛好工作。

別忘了忙裡偷閒

有錢也要有閒

人生富有戲劇性,對於億萬富豪們來說,「閒」應該是他們最想得到的奢侈品,俗話說:「有錢就沒閒。」就是這個道理;但對一些流浪者或是難以解決溫飽的貧困者來說,「閒」卻是他們最不願意接受的東西,因為「有閒哪來的錢」。

上述兩種生活如果可以折中,那將是「活得好」的最佳生活方式。如果你非讓我說出到底是「有錢好還是有閒好」,我可能會這樣答覆:「現代人的生活水準基本上都可以達到溫飽舒適,如果以這個為底線的話,那麼『有錢不如有閒』。」

「這年頭什麼都是假的,有錢才是真的。千好萬好,不如錢好;爹親娘親,不如錢親,有錢就是一切。」每次聽到這樣的牢騷時,就不禁讓人發噱。

如果你問他:「你每星期可以休息一天,其餘的時間都讓你沒日沒夜地工作,然後月薪給你四萬,你願意嗎?」

「一點休閒時間也沒有,要錢還有什麼用?」

「那好，你可以正常工作，正常休息，不過你只能每五年回趟老家看看父母和妻兒，或者每五年帶你的妻子和孩子去旅遊一次，如果你能做到，我們可以拿五萬元來補償你，你願意嗎？」

「什麼？這麼少的時間來陪家人，你是不是想讓我的家庭崩潰，妻離子散？」

道理很簡單，誰也不願意過這種有錢沒閒的日子。

叔本華曾經這樣描述：「你在有錢人臉上看到的痛苦和煩惱，絕對不比在窮人臉上看到的少。」

所以，無論你是一位富人還是一位窮人，也不管你是贊成還是反對，休閒，已成為二十一世紀人們生活的入場券，這可是不爭的事實。

休閒，調劑身心

休閒，是一種心態的調整，是一種從容和隨意，是一種內心與外界的良性互動，是一種身心負擔得以暫時解脫的美好享受。說白了，休閒就是「以欣然之態，做心愛之事」。

如今的社會正以瘋狂的腳步發展著，人們在快節奏的工作中，難以擺脫生活的煩惱。

而當我們一旦以隨心所欲之態，忘卻一切煩惱，去爬山、去郊遊、去賞花、去散步、去喝咖啡、彈一首曲子、下一盤棋、品一壺茶、聊一會天時，就會覺得生活原來如此燦爛。

而今，我們有了周休二日，隨著人們的生活不斷富裕，大家都開始了「休閒」。

有的人把睡覺、看電視、打線上遊戲，逛街作為主要的休閒活動；有的人則規劃旅行，計畫約會，著著實實地要澈底利用這些休閒時間。其實無論何種，只要合乎我們的興趣、時間和金錢就好，用句時髦的話，那就是隨心所欲。

這種觀念，在受到儒家文化影響的東方是被藐視的，比如《世說新語》裡那位雪夜起興訪友，半路興盡而歸的王子猷。他的故事被擱在《任誕篇》裡，何謂任誕，任性放縱，不拘禮法是也，可見隨心所欲在我們的生活裡還沒被主流化。

在西方就不同，很多人一年要花三分之一的時間和收入，來隨心所欲地休閒。所以，那些希望活得好的人們，當你們有了休閒興趣的時候，不妨請上幾天假，把所有的工作全部拋在腦後，關掉該死的手機，帶著家人或朋友一起去旅遊、踏青、爬山、聊天等，只要是隨心所欲的就是最好的休閒。

忙裡偷閒

在這個日新月異的社會裡，現代人越來越看重自己的身分，既想做主管、做老闆，又要做好孩子、好父母、好丈夫、好妻子。這些來自職場和家庭的不同身分，就像一張無形的網，罩得我們喘不過氣來，一天也不能放鬆。

其實，疲憊了，憂鬱了，煩惱了，為什麼就不能停下來歇一歇呢？在辦公室和家的兩點一線之外，找一處讓心靈暫時出逃的第三地，將人生重負稍放片刻，在那裡虛度一下光陰。出來之後，你也許就會覺得，迎接你的將是一個生機勃勃的明天！

有人說，時間對每個人來說都很重要，人活著就要賺錢，這是生存的必要手段。此話不假，但我們也沒有必要做時間的奴隸，金錢的犧牲品！雖然忙和閒是人生中一大對立矛盾，但是一個人不論工作多忙，都應合理地支配屬於自己的時間。

也就是說，忙中有閒，閒中有忙，在忙與閒的交替中，才能完成人生的運轉，如同音樂，高低音相伴，才有希望使生活變成一支動聽的樂曲。

我們真應該好好學學歷史上那些忙裡偷閒，而又能獲得成功的人。

英國前首相邱吉爾，就很會利用空閒時間進行鍛鍊和放鬆，第二次世界大戰期間，在德軍對倫敦進行狂轟濫炸之時，人們驚奇地發現他坐在防空洞裡織毛衣，難怪英國人把他看作是「忙裡偷閒」的典範。

有一次，邱吉爾到北非蒙哥馬利的行轅去閒談時，蒙哥馬利說：「我不喝酒，不抽煙，到晚上十點鐘準時睡覺，所以我現在擁有百分之百的健康。」邱吉爾卻說：「我剛好跟你相反，既抽煙又喝酒，而且從不準時睡覺，但我現在卻擁有百分之兩百的健康。」

很多人都引以為怪，邱吉爾這樣一位身負兩次大戰重任，工作緊張的政治家，生活如

此沒有規律，何以壽登耄齡，而且還擁有百分之兩百的健康呢？

其實只要稍加留意，就可以知道，他健康的關鍵全在於有恆的鍛鍊和悠閒的心情，既抽煙又喝酒且不準時睡覺，則不足為訓。邱吉爾之所以擁有和健康，和他「忙裡偷閒」是分不開的，所以他才能活得好。

比如他在戰事最緊張的週末依然能去游泳，在選舉戰白熱化的時候依然能去垂釣，剛一下台依然能去畫畫，還有以示悠閒心境，那支總是斜叼在嘴角的雪茄。

因此，在競爭十分激烈的現實生活中，在我們全力以赴面對各式各樣的挑戰時，首先要學會忙裡偷閒。其實，生活中沒有固定的模式可以保證免受壓力，但仍有許多方法可以減輕。雖然事情的發展不一定都能掌握，但你可以控制對它們的反應。

生命苦短，歲月難留，既要懂得珍惜時間，也要學會珍惜自己，達到如此境界最好的辦法就是忙裡偷閒。

用「自信」給自己加分

隨著社會的發展，人們越來越注重自己的生活品質，於是「不在乎錢多少，只在乎活得好」的口號就成了一句流行語言。然而怎樣才能「活得好」呢？首先我們必須培養出能讓我們生活得更好的先決條件——自信。

自信是一種決心

每個人都有自己的優缺點，如果我們能夠把自身的優點淋漓盡致地發揮出來，就可以充分實現自我存在的人生價值，也就可以增強自己追求美好生活的信心。

有人曾問球王貝利：「您最得意的進球是哪一個？」貝利樂觀自信地說：「下一個！」就是這種永遠面向未來的「下一個」，使球王貝利數十年馳騁於球場，踢出了一個比一個更精彩的進球。

由此可見，樂觀自信常常能使人樹立更高的信心和目標，去戰勝強大的困難，取得最終的勝利，所以愛默生說：「自信是成功的第一秘訣。」居里夫人也曾說：「我們要有恆心，要有毅力，更重要的是要有自信心。」

春秋戰國時代，一位父親和他的兒子出征作戰，父親已是將軍，兒子則還只是馬前卒。沙場上又一陣號角吹響，戰鼓雷鳴了，父親莊嚴地托起一個箭囊，其中插著一支箭，父親鄭重地對兒子說：「這是家傳寶箭，配帶身邊，力量無窮，但千萬不可抽出來。」

那是一個極其精美的箭囊，鑲著幽幽泛光的銅邊，再看露出的箭尾，一眼便能看出是用上等的孔雀羽毛製作。兒子喜上眉梢，貪婪地推想箭杆、箭頭的模樣，耳旁彷彿有嗖嗖的箭聲掠過，敵方的主帥應聲折馬而斃。

後來，配帶寶箭的兒子英勇非凡，所向披靡。當鳴金收兵的號角吹響時，兒子再也禁不住得勝的豪氣，完全背棄了父親的叮囑，強烈的欲望驅使著他呼地一聲就拔出寶箭，試圖看個究竟──驟然間他驚呆了。

這是一支斷箭！箭囊裡裝著竟是一支折斷的箭。「我一直背著斷箭打仗呢！」兒子嚇出了一身冷汗，像是頃刻間失去支柱的房子，轟然一聲，意志坍塌了。結果不言自明，兒子最後慘死於亂軍之中。

拂開濛濛的硝煙，父親撿起那支斷箭，沉重地嘆息道：「沒有自信的人，永遠也做不成將軍。」

萊特兄弟初試飛行時，也曾經有人譏笑他們是異想天開，但萊特兄弟充滿信心地說道：「即使上天的夢想永遠是一個夢，我們也要在夢中像鳥兒一樣離開大地，到湛藍的

「天空中飛翔。」

一次次地試驗，一次次地失敗，萊特兄弟的耐心被考驗到了極點。當又一次看到飛行器尚未離開地面就被撞得粉碎時，萊特兄弟再也忍耐不住了，當著譏諷他們的飛行器是「永遠飛不起的笨鴨」的人面前流下了眼淚。

但當他們執手相看淚眼時，他們竟又同時說：「兄弟，讓我們擦乾眼淚再來一次，我想我們最終會成功的。」

終於，飛行器平穩地離開了地面，儘管只是短短的幾十分鐘，但從此人類像鳥兒一樣在天空中飛翔的夢想，已經變成了可以達到的現實。從這一刻起，人類不再徒羨鳥兒的自由。

萊特兄弟的例子給我們的啟示是深刻的，它告訴了我們，當遇到困難、遭到挫折時，應像萊特兄弟一樣有「再試一次」的決心。

事實證明，否定自己是一種消極的力量，它常常使人走向失敗之途；而一個樂觀自信的人，則常常踏上成功之路。所以，樂觀自信是一個人加強自身修養、提高生活品質的一種巨大的精神力量，同樣也是我們能夠擁有好生活的保障之一。

如何擁有自信

一個活得幸福的人，一定是個具備自信心的人。那怎樣才能成為有自信心的人？這就看你懂不懂得欣賞自己了，你可以想想自己有哪些優缺點，然後試著改正缺點，發揮長處，這是培養自信心的辦法之一。不過，最重要的還是在於你必須懂得欣賞，喜歡自己才行。

那麼，如何才能做到真正擁有自信呢？

1. **抱有希望**。對自己抱持著希望，如果你連使自己改變的信心都沒有，那就不要再向下看了。記得對自己寬容，這樣才能使事情看起來容易做到。

2. **表現出自信**。即便只是單純的外在表現，但長期下來，絕對能使內在受到感染，將會使你變得勇敢些。

3. **想想別人，看看自己**。既然別人面對沮喪和困難時能克服，當然自己也能。

4. **只有想不到的事情，沒有做不成的事情**。

5. **不要小看自己**。我們大多數人所擁有的自信，遠比我們想像的更多。

6. **從人際關係著手**。克服侷促不安與羞怯的最佳方法，是對別人感興趣，並且想著他們，然後膽怯便會奇蹟般消失。為別人做點事情，舉止友好，你便會得到驚喜的回報。

好日子，現在開始

7.**不要只想著自己**。只有一個人能治療你的羞澀不安，那便是你自己，沒有什麼方法比「忘我」更好。當你感覺膽怯、害羞和局促不安時，立刻把心思放在別的事情上。如果你正在演講，那麼除了講題，一切都忘了吧，忘記自己，繼續你的演講。

8.**用決心克服恐懼**。請記住：除了在腦海中，恐懼無處藏身。

9.**做好充分準備**。把害怕的時間拿來做好準備，如果準備充分，便不會害怕。

當然，自信不等於自滿，自滿是盲目的自負，是生活的包袱，是失敗的因素。自信是建立在堅實的知識基礎上的科學思維，不是毫無根據的自以為是。因而說：自滿不可有，自信不可無。

所以，只有自信的人，才能真正站到自我實現的舞台之上。面對金錢、權勢、名聲、地位等等耀眼的鎂光燈，鎮定自如地表現自己。邁向巔峰，不斷超越，成就豐滿真實的完美人生！

041

「低調」的藝術

富蘭克林說：「最難抑制的情感是驕傲，儘管你設法掩飾，竭力與之鬥爭，它仍然存在。即使我敢相信已將它完全克服，我很可能又因自己的謙遜而感到驕傲。」

樹大必招風

其實，現代人有一個共同的心理特點，就是強調競爭，注重個人發展，但也有一個比較突出的弱點，那就是在處理個人與集體、社會的關係方面有待加強。

由於我們處在一個注重個性、張揚個性的時代，加上事業壓力大、競爭激烈，導致集體觀念淡化，人和人之間關係淡漠。個人意識太強，就不願聽取不同意見，不願意吃虧，過分注重自己的利益，一旦跟他人發生摩擦，就容易把事情鬧大。所以，我們在注重張揚自己個性的時候，更要注重培養我們低調的人生態度。

我們應該保持低調，低調是正確認識自己，是一種詩意棲居的智慧，是一種優雅的人生態度。生活中，人們似乎總想尋覓一份永恆的快樂與幸福，總希望自己的付出能夠得到相應的回報，然而生活並不像我們想的那樣順暢。當你的努力被現實擊碎，當你的心

靈逐漸由充滿激情走向麻木的時候，你感受到的可能只是深深的苦悶與失望，然而，在低調者看來這只是生活對自己的一次考驗而已。

有一個人在他辦公室的牆上掛了自撰自書的條幅，上面寫：豎起桅杆做事，砍斷桅杆做人。他說，這是他一次驚心動魄的經歷結晶。

他出生在一個漁民家庭，從小就喜歡大海，他很想跟爺爺出海去打魚，可是幾次請求爺爺帶他出海，爺爺總是以他還小為藉口拒絕，他懂得爺爺的心思，爺爺是怕他在海上發生意外。

長大後，他將要到離開家鄉的地方去工作，那是個看不見海的地方。在等待行期的日子裡，爺爺決定帶他出一次海，一是了卻他一直以來的心願，二是讓他去見識見識大海的博大，開闊開闊他的心胸，或許對他的人生會有益處。

他興奮極了，跟著爺爺跑前跑後，做好所有準備工作之後，在一個風和日麗的日子裡，他們揚帆出海了。

在大海深處，爺爺教他如何使舵，怎樣下網，怎麼根據海水顏色的變化辨識魚群。可是天有不測風雲，大海的脾氣也讓人捉摸不透，剛剛還晴空萬里、風平浪靜，突然間就狂風大作、巨浪滔天，幾乎要把漁船掀翻。就連爺爺這個老水手都措手不及，但爺爺沒有流露出絲毫的慌張，仍然吃力地掌著舵，同時以命令的口氣大喊：「快拿斧頭把桅杆

砍斷，快！」他不敢怠慢，用盡力氣砍斷了桅杆。

沒有桅杆的小船在海上漂著，一直漂到大海重新恢復平靜，祖孫倆才用手搖著櫓返航，途中，由於沒有桅杆，無法升帆，船前進緩慢。他問爺爺：「為什麼要砍斷桅杆？」

爺爺說：「帆船前進靠帆，升帆靠桅杆，桅杆是帆船前進動力的支柱。但是，由於高高豎立的桅杆使船的重心上移，削弱了船的穩定性，一旦遭遇風暴，就有傾覆的危險，桅杆反而成了災難的禍端。所以，砍斷桅杆是為了降低重心，保持船的穩定，更是為了保住我們的生命安全。」

離開的日子到了，但他卻把爺爺的話記在了心裡，那次歷險也在他的心裡紮下了根。

他的工作非常出色，職務也一再升遷，但他仍然腳踏實地地做人，無論取得多大成績，絕不到處吹噓自己的功勞和業績，他說：「高調做事，低調做人。」

每當春風得意之時，總會想起那砍斷的桅杆。

低調做人，是做人的最佳姿態。欲成事者必要寬容於人，進而為人們所接納、所讚賞、所欽佩，這正是人能立世的根基。根基既固，才有枝繁葉茂，碩果累累；倘若根基淺薄，難免枝衰葉弱，不禁風雨。

所謂低調做人，就是用平和的心態來看待世間的一切，修練到此種境界，為人便能善始善終，既可以讓人在卑微時安貧樂道，豁達大度，也可以讓人在顯赫時持盈若虧，不

驕不狂。

當你學會了低調做人，就能擁有實在的平靜和幸福感，少了生活中諸多的火藥味道和硝煙彌漫，你會發現享受生活不是空洞的口號，幸福的生活永遠都屬於那些做人低調的人們。總之，低調是一種優雅的氣質，唯有保持低調，我們才能真正享受生活的快樂。

別在愛中後悔

你是不是時常趕著上學而忽視母親一大早起來準備的早飯？

你是不是時常嘟嚷著老人家太嘮叨而不願加一件毛衣？

你是不是時常覺得父母給你的關懷太少而讓你用叛逆來「抗議」？

做好想為親人做的每一件事情

三毛的〈不死鳥〉是一篇很短的小文章，卻讓人很難忘記。荷西問三毛：「如果妳的生命還剩下一個月，妳會選擇做什麼呢？」三毛拍了拍手上的麵粉，對荷西笑著說：「我不會死的，我還要給你做餃子吃呢！」

是啊，活在這世上，是一種責任，至少為了那些愛你的人，你要勇敢地面對一切。

有一次大地震後，一個母親抱著嬰兒被困在倒塌的建築物下，時間一天天過去，救難人員仍沒有找到他們。嬰兒餓得奄奄一息時，母親用碎掉的玻璃把靜脈血管割破，讓鮮血滴進孩子的嘴裡。

等大家終於找到他們時，母親只剩下一絲氣息，看到前來救援的人，母親虛弱地笑了

一下，將嬰兒交到別人的手上，就昏了過去，再也沒有醒來，而嬰兒放聲大哭，像是以響亮的啼哭歌頌著母愛的偉大。

母愛是偉大的，為了孩子，她可以不顧一切地付出，甚至是她自己的生命……。

在這種母愛的支撐下，母親富有超常的堅韌和犧牲精神，這樣的精神和意志，是人類得以繁衍與進步的原動力。

台灣的九二一大地震、中國的汶川大地震、日本的三一一海嘯，每當天災奪去許多生命，讓很多人承受失去親人的痛苦時，看著災區生離死別的場面，聽著撕心裂肺的哭聲，每一個正常人都會為其動容，短短一瞬，多少人從此生死訣別。

而災區之外的人們又會有何感想？有些人會想到災禍無情，想到如何更好地救災，想到如何展開災後重建。是的，這些正是大家最關心的，然而在天災過後，你的腦中是否會有一個強烈的想法，那就是——善待親人。

那些在天災中倖存的人，可能之前還在因為一件微不足道的小事和家人爭吵，他們可能說了很多讓對方傷心的話，也可能與家人產生了誤會而懶得去解釋，然而面對親人的突然離去，他們已經沒有機會向對方說些什麼了。

他們可能正在懊悔，早知如此，有什麼可爭執，又有什麼不能溝通呢？他們沒想到，一生中最親的家人竟是在爭吵誤會中與他們生離死別。

那些在天災中倖存的人,可能有一段時間沒去看望自己的父母,他們可能工作確實很忙,也確實很累,於是總想著,等不忙了就去看看父母。可就是這個念頭,讓他們再也沒有機會看到這個世上最關心他們和最疼愛他們的人了。此時,他們或許才意識到,他們犯了多麼不可饒恕的錯誤。

其實對於生者如此,對於逝者又何嘗不是呢?他們當中又有多少人是抱著對親人的遺憾和愧疚而離開這個世界的呢?我們是不是應該捫心自問,平時是否因為忙於工作、忙於應酬、忙於幫助別人,而忽視了對親人的關心和照顧,忽視了親人給予我們的關懷和關注,忽視了親人向我們提出的期望和要求。

不要一切到皆無可能之時才想到這些,我們要從現在開始就在意親人的每一個要求,感受來自親人的每一份關愛,我們要抓緊時間為親人做想為他們做的每一件事情。

感性與理性

人們渴望美好純真的感情，但又希望用理智來控制情緒。這個關係處理妥當，對家庭以及人們的身心健康是一種積極的促進作用，反之，則會禍患無窮。究竟怎樣才能處理好感情與理智的關係呢？

別讓感情操控你

對於我們來說，現實的目標過於繁雜，現實的欲望也多不可數，而人際間，人與社會之間的聯繫又沒有所謂固定的標準。那麼，對於情感欲望的判斷就只能在於自己，在於自己的良知，在於個人的道德觀和人格。

《神鵰俠侶》中的李莫愁，面對昔日情人的背叛，內心悲苦，因為愛，捨不得遷怒昔日情人；因為妒，卻將那滿腔毒怨發洩到昔日情人無辜的妻子身上。

很多讀者相信這是她重情而缺乏理智的表現，及至最後不但毀了昔日情人一家，自己也作繭自縛，終生在感情的漩渦裡苦苦掙扎，慘死於非命。這時方才明白這樣一個道理：愛是美酒、也是毒藥，飲之太過是會傷及自身和無辜的。

「問世間情為何物，直教人生死相許」，一個人能夠愛到把自己和對方以及無辜的人都葬送的境地，的確讓人心悸，不寒而慄。假如這時能夠多幾分理智，能正確處理感情和理智的關係，也許，慘劇就不會發生。

可是，痴戀的人往往是義無反顧地投入了自己的全部情感而忘了理智，這情感如火似焰，如果保持適當的距離，是溫暖、是眷戀，反之，如果沒有了距離就是烈火，是酷刑，是會把雙方都燒成灰燼的。

理智的人從外表看來可能沒有太多的情感流露，就如同一位無情人，所以似乎看上去也沒有太多的痛苦，但這並不是因為他們本來就對感情淡漠或克制，不能或不願走進情感深處，而是因為他們深深地體會著感情世界的細膩與深奧，絢麗與旖旎，並知道真正刻骨銘心的感情是能經得起歲月的考驗。

顏回是孔子最喜歡的學生，在顏回死後，孔子表達了自己最沉痛的哀思，《論語》記載：「顏淵（即顏回）死，子哭之慟。從者曰：『子慟矣！』曰：『有慟乎？非夫人之為慟而誰為？』」孔子說，我不為這個人悲傷，還為誰悲傷呢？

而在安葬顏回時，孔子又以一個知音的角色出現了。

顏回的父親和孔子的弟子都想以較富貴的禮節安葬顏回，顏回的父親請求孔子賣掉車子為顏回置辦外棺時，孔子這樣說：「不論是否不才，但我的兒子鯉死了，也只有內

050

棺，沒有外棺，如今我更不能賣掉車子為顏回買棺。」他更說道：「顏回把我看成父親，我卻不能把顏回看成兒子，即便我心裡早將他當成我的孩子了。」

最後，孔子的弟子依然以厚禮埋葬了顏回，而這違背了禮節，假如顏回還活著，一定會反對這種行為。

以現今的眼光看來，孔子似乎有些食古不化，但若回到當時的時空環境下，孔子那合乎仁德的情感才是可取的，他不被情緒所掌控，維持了原則與正道。瞭解自己的感情，才能充分利用自己的感情，也就能合理地使用它們，並且操控、駕馭它們，要是不瞭解自己的感情，那就只能無助地聽任它們的擺布，被感情奴役。

因此，學習瞭解自己的感情，是理智地對待感情的第一步。事實上，在你開始注意自己的感情時，一個有積極作用的改變正悄然發生。例如，在感情低落的時候，注意一下自己，它究竟會對你的哪種感覺產生影響，又該如何使自己擺脫這種感情的低潮。

有些人的情緒比較清醒、理智，以至於他們總能理智地處理自己的消極感情，而不是陷入無意義的狂怒和煩躁之中。但是，這種理智行為通常僅僅在積極的感情領域中才容易進行。

古往今來，有很多人由於不能理智地控制自己的感情，輕則妻離子散，重則家破人亡。在離婚率高的今日，除了社會背景以外，與人們的情感過於放任，得不到有效的約

束，不能夠理智地去控制有很大關係。

理智是理性的，感情是感性的，理性認識是感性認識的基礎，沒有感性認識何來理性思維？可見感情與理智互相作用，又相互促進，既矛盾又統一。理智是為了不讓感情輕易氾濫成災，但是如果沒有感情，那還談什麼理智與否呢？

感情就像水庫裡的水，理智就如同水庫的閘門，理智的「閘門」要有計劃地開啟，讓情感之「水」有計劃地排放，這才是最明智的做法。如果理智的「閘門」牢牢地關住，情感的「水位」在「水庫」裡越積越高，「水位」越高壓力就越大，久而久之，會衝破水庫的大堤，淹毀農田和村莊，最後導致生命的傷亡和財產的損失，不過理智的閘門如果毫無計劃地任意開啟，任意排放，也會傷害他人，傷害自己。

所以，合情合理才會情理交融，才有最完美的境界。感性強的人唯美，易受傷害；理性強的人則有點冷漠似乎沒有人情味。就像男人和女人，陽和陰，雖然矛盾，但永遠不可分割，只有在認知的基礎上不斷平衡，協和感情與理智，讓兩者相互達到統一，才會有相對完美的人生。

擁有一顆灑脫的心

人生中，有太多事物值得去追求，所以人總會面臨著選擇，而選擇的過程其實就是放棄的過程。

放棄，是為了去蕪存菁，是為了擁有真正最終的價值。

你有想過你人生最重要的是什麼嗎？

如果是金錢，如果是權力，如果是癡情，如果是名氣，那麼，閉起你的嘴來，別再抱怨為什麼不快樂了，因為那些都是你的選擇。

選擇，是一種有趣的現象，當你得到的時候，你也正在失去。所以，別再把那些負面的東西扛在身上了，只有放下，才能獲得你真正想要的快樂。

輕鬆過日子

 人的生活是豐富多彩的，但也難免會存在各種形形色色的壓力，所以現代人總是脫口而出：「如今的生活壓力太大。」如何才能讓自己活得輕鬆一些，我們是不是應該釋放一些壓力？人生苦短，匆匆幾十年，如果都被一個「累」字包圍著，我們豈不活得太冤？為何不讓自己活得輕鬆點！

學會面對壓力

所謂的壓力，很多時候都是自己給自己加上的砝碼，其實對於很多事情，我們只要做到量力而行就可以了，不必刻意勉強自己做無法做到的事，那樣只會給自己帶來懊惱與失望。當為生活奔波感到無奈的時候，何不讓自己輕鬆一下，讓生活的節奏平穩一點，讓自己活得更灑脫一點呢？

由於人們的心理承受力各不相同，壓力對每個人可能造成的身心損傷程度自然也不同，社會生活的外因只是導火線，真正加劇人們心理壓力的是自身的心理健康狀態。

要想減輕心理壓力，就要加強自身心理狀態的調適，然後想辦法找出能使自己解脫的

方式，永遠與那些曾令自己不快的過去隔離，培育出自己新的可寄託的愛好。告誡自己要珍惜自己，不要因一些無故的壓力就放縱或拋棄自己，要學會積極地釋放壓力，在釋放中還要學會適應壓力。

在加拿大的魁北克有一個南北走向的山谷，冬天時常有人來這裡滑雪。一次，有對夫婦來到這個山谷滑雪，正在這時，天下起了大雪。當他們支起帳篷，望著漫天飛舞的大雪時突然發現，由於特殊的風向，東坡的雪總比西坡的雪來得大，來得密，不一會兒，雪松上就落滿了厚厚一層雪。不過，當雪積到一定程度時，雪松那富有生氣的枝椏就會向下彎曲，直到雪從枝頭滑落，雪就這樣反覆地積，樹枝反覆地落，雪松完好無損。

可其他的樹，如那些柘樹，因沒有這個本領，樹枝就被壓斷了。西坡由於雪小，有些樹挺過過來，所以西坡除了雪松，還有柘樹、女貞之類。

帳篷中的妻子發現了這一景觀，對丈夫說：「東坡肯定也長過雜樹，只是不會彎曲才被大雪摧毀了。」丈夫點頭稱是，並興奮地說：「我們揭開了一個秘密──對於外界的壓力要盡可能地去承受，在承受不了的時候，要像雪松一樣，學會彎曲，學會給自己減輕壓力。」

我們的身體裡充滿了大量的被壓抑的情緒，這一事實潛在的後果是被壓制的壓力，會產生生理上的反作用，直接把我們的身體擊垮，使我們易於患病。因此，學會如何解壓

是我們面對壓力時必須具備的一項能力。

1. 用積極的態度面對壓力

在充滿競爭的都市裡,每個人都會或多或少地遇到各種壓力,可是壓力可以是阻力,也可以變為動力,就看自己如何去面對。

社會是在不斷進步的,人在其中不進則退,所以當遇到壓力時,明智的辦法是採取一種比較積極的態度來面對。實在承受不了的時候,也不讓自己陷入其中,可以通過看看書、聽聽音樂等,讓心情慢慢放鬆下來,再重新去面對,到這時往往就會發現壓力其實也沒那麼大。

2. 增強信心,提高對壓力的承受能力

為此,應當加強意志和魄力的訓練,培養自己不畏強手,敢於拼搏的精神。

3. 減壓先要解開心結

有一則小寓言,說有一種小蟲子很喜歡撿東西,在牠所爬過的路上,只要是能碰到的東西,牠都會撿起來放在背上,最後,小蟲子被身上的重物壓死了。假如人能學會取捨,學會輕裝上陣,學會善待自己,凡事不跟自己較勁,甚至學會傾訴、發洩、釋放自己,人才能不被生活壓趴。

擁有一顆灑脫的心

4. 適度轉移和釋放壓力

面對壓力，轉移是一種最好的辦法，壓力太重背不動了，那就放下來不去想它，把注意力轉移到讓你輕鬆快樂的事上來。等心態調整平和以後，已經堅強起來的你，還會害怕你面前的壓力嗎？比如做一下運動，運動能使你很好地發洩，運動完之後你會感到很輕鬆，這樣就可以把壓力釋放出去。

5. 對壓力心存感激

人生怎能沒有壓力？的確，想想你的人生道路，升學，就業，跳槽，從偏遠的鄉村走向繁華的都市，我們的每一個足跡都是在壓力下走過的。沒有壓力，我們的生活也許會是另外一個模樣，當我們盡情享受生活樂趣的時候，都應該對當初讓我們曾經頭疼不已的壓力心存一份感激。

此外，你還可以通過改善自己的生活習慣和環境來抒發壓力，像是重新布置安排自己的辦公環境及居家用品擺設等，要力爭給自己一個全新的感覺，彷彿一切已重新開始。養成良好的起居習慣，必須要自己主宰自己，有一種給自己當家做主的榮耀，以從中慢慢感受到在壓力面前自己的力量。

總之，要減輕壓力，就要自己振作，樹立起自信心，以增添自己應對壓力的能力。

057

別和自己過不去

💡「人無坎坷不成熟，事無蹊蹺無人傳。」在人生的道路上，我們總是會感覺到這樣或者那樣的不如意。要知道生活中的每個人或事，都不是你想得那麼完美，人生苦短，別和自己過不去，讓一切都順其自然吧！

放不下的王魚

順其自然並不是一種退讓和軟弱，而是要求我們回歸到自己的內心，需要我們有一種非凡的氣度，寬廣的胸懷，有對人對事的包容和接納，那是有一種柔而不弱，韌而不絕的決心和力量。只有在豁達和頓悟後，生命才會更加從容和美麗。

人生就好像是一條河流，有其源頭，有其流程，還有其終點。無論生命的河流有多長，最終都是要到達終點，所以我們在活著的時候，盡量少一點苦惱，多一點愉快，每天想著快樂的事情，不要為我們的得失而悔恨。

凡事都要拿得起，放得下，不要給自己找煩惱，永遠保持一顆平常的心態，快快樂樂地過好每一天。

有位哲學家曾說過：「同一件事，想得開是天堂，想不開是地獄。」其實就是這個道理，放開你的懷抱，別為那無謂的得失所苦惱，生活就會變得更幸福。不要去在意那本不該是你的東西，要心態平和地面對你所失去的一切，幸福就會隨之而來。

曾經有這樣一個故事：

在太平洋中有個布拉特島，在這個島的水域中生活著一種魚叫王魚。這種王魚一般分為兩類：一類有鱗，一類無鱗。有鱗無鱗，全由牠們自己來選擇決定。

一身無鱗的王魚通常都活得比較輕鬆愜意，牠們體小，行動敏捷，在食物充足而又沒有天敵的水域裡，過著平平靜靜的生活。但是有的王魚卻不滿意於這種平淡的生活，會選擇有鱗，這樣牠的一生就會相對「精彩」很多。

王魚都有一種本領，只要牠願意，可以通過自身的分泌物吸引一些較小的動物貼附在自己的身上，然後千方百計把這些小動物身上的物質吸乾，慢慢地變為自己身上的鱗片。

其實那不是鱗，只是一種附屬物，當王魚有了這種附屬物後，便會變成另一種形態，貌似強大，比無鱗的王魚至少要大出四倍。這種王魚無論游到哪裡，都會前呼後擁，派頭十足，同伴們也會對牠畢恭畢敬，牠也終於如願以償，成了名副其實的魚王。

可是，當有鱗的王魚年老時，由於身體機能的退化，無法再分泌出營養物質，身上的附屬物就會開始慢慢脫離牠的身體，使牠回到最初的面目，和普通的王魚一樣體小無鱗。

普通的王魚因為習慣了無鱗的生活而無所謂，但這類王魚卻無法忍受沒有鱗片的狀態，光禿禿的模樣讓牠們很不自在，同伴們也不再將牠當「王」看待了，這讓飽嘗過做「王」滋味的王魚很失落。

牠們覺得痛苦又難堪，於是變得異常煩躁，甚至無端地攻擊別的魚，以解脫自我。可惜，牠又沒了往日的能力，在攻擊其他魚的時候，往往會反過來被別的魚撕咬得遍體鱗傷。於是，絕望的王魚選擇了自殘，故意衝撞其他魚類，或往岩石上猛撞，掙扎數日後死去。

有鱗王魚實在死得太慘，或許牠們本不該貪慕虛榮，選擇不屬於自己的附屬物作為自身的鱗片。但更重要的一點是，牠們不能放下那曾經擁有的「鱗片」，執意要當不可能的「魚王」，而不去做一條快快樂樂的王魚。其實，牠們都死在跟自己較勁上，為了那些本來不是自己的東西。

若是牠們能在這些身外之物失去之後，冷靜地想一想，想到那些東西本不屬於自己，不去爭一時之氣，更不動輒採取自殘之類的極端措施，而是積極地再去尋找別的食物或生存的本領，牠還會過上幸福的生活，可是王魚卻落了個自取滅亡的結局。

然後及時調整心態，從失落、挫折和打擊中站起來，只要心胸豁達一些，眼光看遠一些，不去爭一時之氣，更不動輒採取自殘之類的極端措施，而是積極地再去尋找別的食物或生存的本領，牠還會過上幸福的生活，可是王魚卻落了個自取滅亡的結局。

正如卡內基所說：「不要讓自己因為一些應該丟開和忘記的小事煩心，要記住『生

擁有一顆灑脫的心

命太短促了，不要為小事煩惱』。」快樂與痛苦，失敗與成功總是同在，有些東西已成事實，無法改變，這就需要自己安慰自己。

順其自然

有時靜下心來想一想，生活中的許多事情不是我們自己的能力不強，而是自己的願望不切實際。我們要相信自己的才能，當然相信自己的能力並不是強求自己去做一些力所不及的事情，事實上，世間任何事情都有一個限度，超過了這個限度，好多事情都可能是極其荒謬的，我們順其自然就是了。

本來是一株小草就讓它長成一株小草，是一棵大樹就讓它長成一棵大樹。如果你已經竭盡全力，將生命的潛能全部發揮，那麼，一株小草與一棵大樹都具有同樣的價值，有什麼高下之分呢？

很多人都很在意自己的外貌，在與人交談時，也常常覺得別人在看自己，覺得自己不夠漂亮。時間久了，甚至想避開別人的目光，躲到一個角落去傷心懊惱。這樣做是不對的，別跟自己過不去，要順其自然，我們在面對事情時，應以平常心對待才對。

有這樣一則故事：

酷暑的日子裡，禪院裡的草地枯黃了一大片。

061

「快撒點草種子吧！好難看啊！」小和尚說。

「等天涼了。」師父揮揮手說：「隨時！」

中秋過後，師父買了一包草籽，叫小和尚去播種。

秋風起，草籽邊撒邊飄。「不好了，好多種子都被吹飛了。」小和尚大聲喊道。

「沒關係，吹走的多半是空的，撒下去也發不了芽。」師父說：「隨性！」

撒完種子，緊接著就飛來幾隻小鳥啄食。「要命了！種子都被鳥吃了！」小和尚急得跳腳。

「沒關係，種子多，吃不完！」師父說：「隨遇！」

半夜一陣驟雨，小和尚早晨衝進禪房：「師父！這下可真的完了！好多種子被大雨沖走了！」

「沖到哪兒，就在哪兒發！」師父說：「隨緣！」

一個星期過去了，原本光禿禿的地面，居然長出了許多青翠的草苗。一些原來沒播種的角落，也泛出了綠意。

小和尚高興地直拍手。

師父點頭：「隨喜！」

好一句「隨喜」，佛語有云：「世間萬物皆有因果，冥冥中早有註定；凡事不必強

求，緣來緣盡，順其自然。」的確，人的一生中有許許多多的目標和理想，有的能達到，有的永遠都達不到，因此，造就了這世上形形色色的人群，有成功的人，也有相對落魄的人。

古代的智者早就提醒過世人：勿以物喜，勿以己悲。沒有永遠的成功，也不存在永久的失敗，關鍵是你的生活態度，而順其自然就是一種最好也是最健康的生活態度。

換一個角度看問題，改變人的認知，你就不會跟自己過不去了。有一個年輕人上公共汽車，前面一位中年人踩了他一腳，這個年輕人覺得憤怒到了極點，他此時只有一個想法，上車站穩後，立刻給那位中年人一個耳光。

當他正準備動手時，前面那位中年人好像意識到踩了後面一個人，回頭表示歉意，原來是個瞎子，年輕人的憤怒情緒立刻平息下來，原諒了那位中年瞎子。可以想像，如果那個中年人不是個瞎子，一頓吵罵是不可避免的。

我們每個人不是完人，不是全人，我們不可能什麼事都做到十全十美。我們也可能會犯錯誤，但只要你盡力而為，盡到你的心意，你就沒有必要陷入內疚之中不能自拔，就沒有必要為某種不順之事而耿耿難眠，或為某個假想目標而憤憤不平或憂心忡忡。

有一種智慧叫放下

生命是平衡的，放棄舊的才能得到新的，拒絕放棄就意味著拒絕得到，拒絕成長。

我們為什麼不願放棄？是因為對自己沒有信心，害怕放棄以後得不到更好的東西？

懂得放棄才能做個快樂的人

在生活中，我們最愚蠢的行為就是太執著於自己的東西，把自己的東西捏著不放，不願意放棄。你不放棄怎麼能得到呢？放棄了一樣東西，出現空缺，那麼自然就會有相應的新東西來彌補。捨不得放棄，原有的東西占據著位置，新的東西、好的東西就無法進來，你捏著不放，別人就不會把他的東西和你一起分享。沒有放棄就沒有得到，當然更不會有快樂，所以懂得放棄的人，得到的新東西就越多；不懂放棄的人，就無法得到新的東西。

正如你擁有六個蘋果的時候，一下子吃掉了所有的六個蘋果，你只獲得了蘋果的一種味道。如果你把六個蘋果中的五個拿出來給別人吃，儘管你丟了五個蘋果，但實際上你卻得到

了其他五個人的友情和好感。以後你還能得到更多，當別人有了別的水果的時候，也一定會和你分享，你會從這個人手裡得到一個橘子，那個人手裡得到一個梨，最後你可能就得到了其他五種不同的水果，五種不同的味道，五種不同的顏色，五個人的幫助。

每個人都想無限量的擁有，不管是不是對自己有實際用處，我們都一直在追求並時刻占有。追求不到的或者是不能占有的都會讓我們心情變得不好，可是誰又能想到，只有真正懂得放棄的智慧，才能從根本上讓自己變得輕鬆起來，快樂起來。

一個被劈去了一小片的圓，想要找回一個完整的自己，便到處去尋找自己的碎片。因為它是不完整的，有缺口，所以滾動得非常慢，但是這個有缺口的圓卻利用這段時間領略了沿途鮮花的美麗，並和蟲子們聊天，充分感受陽光的溫暖。在這過程中，它找到許多不同的碎片，但都不是原來的那一塊，於是它堅持尋找——直到有一天，它實現了自己的夢想。

然而，就在自己成了一個完整的圓以後，它才發現自己滾動得太快了，錯過了花開的時節，忽略了蟲子的身影，甚至忘記了陽光的溫暖。當它意識到這一切的時候，毅然捨棄了好不容易才找到的碎片，過起了那不完整卻又更完整的日子。

這個小寓言故事向我們講述了一個不完整的美，一種勇於捨棄、放下的美。完整的圓

之所以要放棄自己千辛萬苦才找回來的碎片，就是因為它發現有時候，完美並不是一件值得高興的事情。一樣東西太完美了，也會失去很多東西，比如說身邊的花花草草，比如說在完美的時候都不曾注意到的一切一切。

快樂的富有

有一個富人背著許多金銀財寶，到遠處去尋找幸福。可是走過了千山萬水，也未能尋找到幸福，於是他沮喪地坐在山道旁。正巧一名農夫背著一大捆柴草從山上走下來，富人說：「我是個令人羨慕的富翁，請問我為何就沒有快樂呢？」農夫放下沉甸甸的柴草，舒心地揩著汗水：「快樂很簡單，放下就是快樂呀！」

這人頓時開悟，因為自己背負那麼重的珠寶，老怕別人搶，總怕別人算計，整日憂心忡忡，快樂從何而來？幸福又從何而來？於是他將珠寶、錢財接濟窮人，專做善事，慈悲為懷，這樣，快樂滋潤了他的心靈，他也嘗到了輕鬆快樂生活的味道。

其實，放棄就是面對生活的真實，承認挫折，明智地繞過暗礁，避凶趨吉，讓自己理性地抵達陽光的彼岸。敢於放棄，是一種明智的選擇，是一種境界，是另一種更實際、更科學、更合理的追求。

學會放棄，懂得割捨，這便是放棄的智慧。留戀那已經凋謝的春花的人，永遠得不到四季的燦爛，四季的美景。因此，不懂得放棄的人就永遠得不到幸福。

放棄，也是一種選擇

人生多憾事，世事無圓滿，放棄不是無奈的選擇。放棄心中的那份美好，將會成為靈魂深處彌足珍貴的記憶。放棄成長路上的風花雪月，放棄無望的守候，放棄所有的負荷才能讓你輕鬆上路，以豁達明智之心，獲得新的擁有，獲得更美好的生活。

放下即是得到

當你朝著一個目標苦苦掙扎，而沒有多大成果，感嘆前途渺茫時，不妨選擇一下放棄。這不是立刻判定自己不行，而是因為我們還年輕，用不著僅為一時的喪氣而失魂落魄，放棄並不是無奈的選擇，而是掉轉船頭，重整旗鼓開拓新的路程，這時你會發現「行經水窮處，坐看雲起時」。

選擇放棄，有時才是真正成熟的內涵，更是一種冷靜和從容的體現。只有放開那沉重的心才能聽到生命熱烈的回聲，才能看到那花開的笑容。

人的執著常常被奢望所鼓舞，世間太多美好的事物已成為我們苦苦的追求與嚮往，成為活著的一大目的。殊不知我們在不斷擁有的同時，也在不斷的失去，為金錢所累，為

名利所累，最終付出的將是健康甚至是生命的代價。

在人們越來越感嘆要面臨殘酷競爭時，選擇「放下」的意義就越大。生活工作中的諸多困惑，往往讓人深陷其中，不能自拔，如果你能選擇放棄，就可以從容應付了。這並不是不求上進，而是一種正確的選擇，為幸福的生活所作出的偉大選擇。

有一天，老師叫班上同學每人各帶一個大袋子到學校，並叫大家去買一袋馬鈴薯。

第二天上課時，老師叫大家給自己不願意原諒的人選一個馬鈴薯，將這人的名字以及犯錯的日期都寫在上面，再把馬鈴薯放到袋子裡，這是這一週的作業。第一天快放學時，很多同學的袋子裡已經有了好多個馬鈴薯，他們把每件不開心的事都寫在馬鈴薯上放到袋子裡，還發誓不原諒這些「對不起」自己的人。

下課時，老師說在這一週裡，不論到哪兒都得帶著這個袋子，同學們扛著袋子到學校、回家，甚至和朋友外出也不例外。漸漸地，那袋馬鈴薯變成了相當沉重的負荷，有些人甚至裝了差不多五十個馬鈴薯在裡面，這真把大家壓垮了，都巴不得這項作業快結束。

最後一天時，老師問：「你們知道自己不肯原諒別人的結果了嗎？就是會有重量壓在肩膀上。你不肯原諒的人越多，這個擔子就越重，那我們應該要怎麼辦才好呢？」老師停了幾分鐘讓同學們先想一想，然後她自己回答：「放下來就行了。」

選擇放棄也是一種智慧，放棄會讓你更加清醒地審視自身內在的潛力和外界的因素，

會讓你疲憊的身心得到調整，這樣才能開始新的追求，才能成為一個快樂明智的人。

放棄是一種認清自己的智慧

有的人不願放棄是因為不能正確地認識自己，認識客觀事物或者不能正確地審時度勢。放棄不應是心血來潮的隨意之舉，也不是無可奈何的退卻策略，而是對客觀情況的縝密分析，是沉著冷靜，堅強意志的體現，正確的放棄是成功的選擇。

蝴蝶只有選擇放棄蠶房，才能在芬芳中飛翔；花兒只有選擇放棄溫室，才有陽光下的盡情綻放；在沙漠中旅行只有選擇放棄海市蜃樓的迷惑，才能順利抵達目的地；漫漫征程只有放棄沉重的行囊，才能爬得更高，走得更遠。

因此，如果要登高望遠，就要選擇放棄眼前的安逸。每個人都有自己的追求，為一個切合實際的正確目標而奮鬥，即使過程再艱辛也有實現的可能。然而為一個違背客觀實際的目標而堅持不懈，這種「鍥而不捨」就會像「屠龍之技」一樣可笑，莎士比亞說過：「最大的無聊是為了無聊而費盡辛苦。」

歷史上曾有許多人熱衷於永動機的製造，有的甚至耗盡了畢生的精力，卻無一成功。

達文西也曾是狂熱的追求者之一，然而一經實驗他便斷然放棄，並得出了永動機是根本

不可能存在的結論，他認為那樣的追求是種愚蠢的行為，追求「鏡花水月」的虛無，最後只能落得一場空。

有一個老和尚攜小和尚下山遊方，途經一條沒有橋的小河，見一美貌女子正徘徊河邊，女子見了兩位和尚忙道：「兩位大師，小女子想過河去，請問大師可否背我過河？」

小和尚心想：男女有別，男女授受不親，更何況是佛門中人，更加不可近女色。

小和尚忖之間，老和尚卻對那女子說：「女施主，請上背。」

老和尚將女子背過了河，然後放下女子，與小和尚繼續趕路。

小和尚不禁想：師父怎麼了？竟敢背一女子過河？一路走、一路想，最後終於忍不住問：「師父，佛家有云，不可親近女色，你犯戒了，怎麼背了女人？」

老和尚歎道：「我早已在先前那個山頭將那女子放下，你卻還放不下！」

老和尚可以放下死板的清規去幫助他人，這正是慈悲為懷的體現，小和尚只知嚴守戒律，不知慈悲為懷，本末倒置，作繭自縛只因他放不下而已。

其實，每天發生在我們身邊的諸多困惑、不順乃至悲劇，往往就是無法選擇放下自己手中已經擁有的「東西」所釀成的，有些人不能放下金錢，有些人不能放下名利，有些人不能放下愛情，有些人則是不能選擇放下不應有的執著。

如果能很好地選擇放棄，你就能擺脫種種糾纏，如釋重負，因為只有選擇放棄，才能

掌握命運和自我。人一生要走的路途是漫長的,學會放棄,正是掌握丟棄不必要的東西的技巧,畢竟,我們要給自己的思想經驗騰出更大的空間去應對未來的生活挑戰。

而且永不放棄的東西未必終生對你有益,西諺云:「上帝為你關掉一扇門的時候,會同時打開另一扇窗子。」我們不要只是不甘心地去捶那扇關上的門,而忘記那扇開向嶄新風景的窗。

放下，才能灑脫

人人都希望自己活得灑脫，但是，真正能活得灑脫的人又有多少呢？人的一生總在不停地奔波、勞碌，總在無休止的追求中度過。有人說：「人為財死，鳥為食亡。」此言雖俗，卻也有幾分道理。

不要追逐幻影

記得有一首歌曾唱道：「紅塵中有太多茫然痴心的追逐。」每一個人都有自己的理想，都有欲實現的藍圖，都有自己的既定目標。然而，通往目的地的道路坎坷曲折，荊棘叢生，並且時常會和壓力、煩惱、痛苦、無奈不期而遇，讓人感到身心疲憊，心力交瘁。於是，人們發出「活著真累」的由衷感慨。

在人生的道路上，我們總會面臨很多的挫折與失敗，總會有很多的不如意。當我們痛苦傷心不能自拔的時候，應該靜下心來梳理一下紊亂的思緒，把自己置身事外，好好地思考一下，換一種方式來讓自己解脫。

別再被命運之神的韁繩捆綁了憔悴的身心，別再無謂地犧牲自己那寶貴的青春。把心

放寬，用我們的堅強去戰勝眼前的困難，並且學會灑脫地放棄，放棄那些本不該屬於自己的東西，你會覺得前面的道路是一片光明！

在茫茫人海中，也許你會遇到自己不該遇到的人和事。如果你正徘徊在難以割捨的情感漩渦裡，為那不值得珍惜的虛情假意而苦惱不堪的時候，要學會瀟灑地放棄，放棄那經不起時間考驗的誓言，放棄那曇花一現的虛幻夢境和那看似美麗的浪漫情緣。把我們的傷痛和哀怨化做一種前進的動力，用一顆開朗的心去迎接痛苦後的新生！

曾經有這樣一個故事：一個美麗的女孩死心塌地愛上一個男孩，她願意為男孩付出一切，可是所有的事都不是想像得那樣美好，男孩並不愛她。但女孩並沒有放棄，為了得到男孩的愛，女孩使出渾身解數，玩盡花招，卻仍然不能打動男孩的心。

對男孩的痴情讓女孩慢慢喪失了理智，由愛生恨，她做出了讓所有人震驚的事情。在男孩舉行婚禮的前一天，她將一瓶濃硫酸潑在新娘的身上，不但毀了新娘美麗的容顏，還讓新娘成了殘疾之人。女孩為了愛情毀掉了別人的幸福，也讓自己品嘗到餘生的慚愧與懊悔。

人應當學會放棄，放棄那些不屬於自己的東西，放棄後的路將會更寬廣，放棄後的人生將會更充實。放棄不是退縮，不是逃避，而是為了做出更明智的選擇，放棄是一種清醒，一種成熟，一種豁達，一種境界。學會放棄，你就學會了理解，學會了寬容，從而

學會了做人的道理。

常聽人們這麼說：「人生就像登山，半途放棄的人永遠也不會看到美麗的日出與輝煌的日落。」但如果實在「力有所不足」，耗盡心力也無法到達頂端，不妨試著放棄，或許在山間你會發現悠悠恬靜的小溪，更美麗的山色風光。「奔走人生路，得失心自明」，指的是恰當地取捨，才能踏足人生之路，找到「柳暗花明又一村」。

我們身在紅塵，追求的東西太多太多，處在紛亂迷離的社會中，豈能事事盡如人意？當人們在生活的夾縫中艱難地營生，心靈疲憊不堪的時候，苦苦掙扎著向前，只會使自己更加心力交瘁。如果放棄所謂的「執著」，舒緩心態，寬慰心靈，你會感到如釋重負，發現新的人生境界。

背著殼的蝸牛

許多的事情，總是在經歷過以後才會懂得，一如感情，痛過了，才會懂得如何保護自己；傻過了，才會懂得適時的堅持與放棄，在得到與失去中我們慢慢地認識自己。智者曰：「兩弊相衡取其輕，兩利相權取其重。」放棄是生活時時面對的選擇，學會放棄，才能卸下人生的種種包袱，輕裝上陣，度過風風雨雨，快速到達目的地。

曾經，有一隻蝸牛，牠背著沉重的殼往上爬，經常會在腦海中呈現出蟬兒在樹梢享受

075

高高在上的情景，於是牠堅定地往上爬。

時間一點點溜走了，牠還在爬，肩膀很痛，心情也沉重，可是，還有很長的路才能到達樹的最頂端……於是，牠還痛苦地思索著，是不是牠所等待的那一刻要很久很久之後才能到來，而那一刻也許只是過眼雲煙。

肩膀越來越疼痛，當蝴蝶展著美麗的翅膀輕鬆地從牠身邊飛過，當蒼蠅帶著一身臭味從牠身邊飛過，牠無心體會這一切，只是在思忖著路途的遙遠，行走的艱辛。朋友問牠過得怎麼樣，牠躲在殼裡不願與朋友聊天了，因為牠過得真的痛苦……牠想著是不是應該放棄這個遙遠的目標，去過牠應該過的生活？

後來，這隻蝸牛重新回到了陸地，牠發現其實牠的生活是多美好啊！有小草陪牠說話，小蟲給牠唱歌，牠再也不去想那高高在上的情景了。

苦苦地挽留夕陽，是傻人；久久地感傷春光，是蠢人；什麼也不放棄的人，往往會失去更珍貴的東西。捨不得家庭的溫馨，就會羈絆啟程的腳步；迷戀手中的鮮花，很可能就耽誤了你美好的青春。學會放棄，才可以輕裝前行，才能夠快速到達目的地。

現實生活中，要使自己一生過得快樂而充實，過得不平凡而有價值，就應該學會放棄。只有學會放棄，才能在漫長的人生道路上少一些遺憾和無奈，多一些輕鬆和快樂！

人活著，會有許多責任、欲望，這些東西要是拿掉了，人生就會變得輕飄飄，無意

義，可老背著它們，最終有可能累死在路上。電影《臥虎藏龍》裡有一句很經典的話：

「當你緊握雙手，裡面什麼都沒有，當你打開雙手，世界就在你手中。」很多時候我們都應該懂得捨棄，緊握雙手，肯定是什麼也沒有，打開雙手，至少還有希望。

「鳥在深林築巢，所棲不過一枝。」只有放棄了脆弱、負重、虛榮、奢望，才能夠風和日麗，海闊天空，體會到生活原本的純樸與簡單。

再見了，自卑

不論在什麼環境中，河仍然奔騰前進；不論在什麼季節裡，樹總是挺拔向上。

可是，在現實生活中，有的人在一帆風順的條件下，信心百倍，但一遇逆境便萎靡不振，要知道「戰勝自己的自卑和怯弱，是對活得好的最好祝福」。

不要讓自卑扼殺了幸福

自卑是一種人類反常的自我意識，是一種消極而有害的情緒，它會使人感到生不逢時，命運多舛，甚至頹廢悲觀，自暴自棄。

春秋戰國時，當時的齊國和楚國的國君都十分喜歡賽馬，為了一較高下，經常不惜重金從塞外購買良駒以備比賽用。

齊國有一匹良駒被齊王封為「閃電王」，牠曾取得無數次賽馬比賽的好成績，被所有大臣公認是齊楚兩國良駒比賽中的種子選手。事實上，牠的確是很有希望獲勝的，牠被精心地照料和訓練，並被宣傳為唯一能擊敗在任何時候都能稱王的紅色良駒「火神」的寶馬。

後來，這兩匹良駒終於相遇了。

那天是一個極為莊嚴隆重的日子，當這兩匹馬沿著跑道並列奔跑時，人們都清楚「閃電王」和「火神」都在做殊死的搏鬥。跑了四分之一的路程時，牠們不分高低；跑了四分之三的路程時，牠們仍然不分上下；在僅剩八分之一路程的地方，牠們似乎還是齊頭並進。

然而就在這時，「閃電王」使勁向前竄去，跑到了前面。

這時是「火神」騎手的危急關頭，他在賽馬生涯中第一次用皮鞭持續地抽打著坐騎。

「火神」也回應了這樣的疼痛，猛衝向前，於是和「閃電王」拉開了距離，而「閃電王」在被超越之後，卻反而放慢了腳步，就像靜靜地站在那一樣。

比賽結束，「火神」比「閃電王」領先七個身長。

「閃電王」本是一匹精神昂揚的馬，但因為這次的經歷，使得牠每次見到紅色的馬匹都產生很大的自卑感，從此一蹶不振。後來牠在一切比賽中都只是應付一下，從此沒再獲勝過，最後甚至淪落成一匹馱物的普通馬。

人生雖然不是賽馬，但是像「閃電王」那樣自暴自棄的人卻大有人在，他們也像「閃電王」一樣，在信心的指導下曾獲得過輝煌成績，可是當他們一遇到挫折，就開始自卑，於是悲觀、失望，總看不到希望的燈火，最終一敗塗地。所以說，自卑是生活綠洲

上的瘟疫，它像一條腐蝕和啃咬著心靈的毒蛇，吸取著心靈的新鮮血液，並在其中注入

厭世和絕望的毒汁。

走出自卑的陰影

就反對怨天尤人，缺乏自信，渾渾噩噩混日子的態度。

奮鬥者的借鏡。古往今來的奮鬥者，都把克服自卑作為完善人格的一個重要內容，孟子

自卑感是一種消極屬性，也是自信的對立面，它可以成為懦弱者的枷鎖，也可以成為

著名的成功教育學專家卡內基發現，世界上根本就不存在生來就膽怯、害羞、臉紅的

人，這些心理的異常現象都是人在後天接觸社會後，因某種經歷誘發生成的。

既然是後天生成，那麼就能克服，卡內基還說：「世界上沒有一點都不膽怯、害羞和

臉紅的人，包括我自己。人人都有，只是程度不同，持續的時間長短而已。」從心理學上

講，自卑感是自我憐惜的一種反應。但自卑畢竟是一種負面情緒，一個人要是不將自卑

感去除，一直被失敗感所支配，那就會像是患了絕症似的，心情漸受侵蝕，如果總是生

活在低迷狀態，如何談活得好？

很多自卑者都太在意別人對自己怎麼看，而對自己缺少應有的自信。不敢當眾表達自

己的感受，不僅自己活得很累，也讓別人感到不舒服。

因此，你若想優於他人，追趕他人，就只能靠日後信心的建立，不管今後是否成功，至少可以遠離自卑，成為一個積極向上、努力追求幸福的人。如果你真想擺脫自卑心理，不妨用以勤補拙，揚長避短，讀一些名人傳記，停止對自己的貶低等辦法，使自己獲得真正快樂的生活。

八歲的富蘭克林·羅斯福是一個脆弱膽小的男孩，臉上總顯露著一種驚懼的表情，他呼吸就像喘氣一樣，如果被點名背誦文章，會立即雙腿發抖，嘴唇顫動不已，回答得含糊且不連貫，最後頹廢地坐下來。這種情況下，如果有個好看的面孔，也許情形會好一點，但他卻偏偏有暴牙。

像他這樣的小孩，通常感覺非常敏感，喜歡回避任何活動，不喜交朋友，成為一個自暴自棄的人！但羅斯福卻不是這樣，他雖然有些缺陷，卻保持著積極、奮發、樂觀和進取的心態，就是這種心態，激發了他的奮發精神。

他的缺陷促使他更努力地去奮鬥，他並沒有因為同伴對他的嘲笑便降低了勇氣，他喘氣的習慣變成一種堅定的嘶聲，他用堅強的意志，咬緊自己的牙床使嘴唇不顫動而克服了懼怕。後來，憑著這種奮鬥精神，憑著這種積極的心態，羅斯福不僅戰勝了自卑，還成為了美國總統。

羅斯福不因自己的缺陷而自卑，甚至加以利用，變其為資本，變其為扶梯而爬到成功

的巔頂，在他的晚年，已經很少有人知道他曾有嚴重的缺陷，美國人民都愛他，他成為美國第一個最得人心的總統，這種情況是以前未曾有過的。

許多專家、學者不斷地對自卑者做出忠告，有時我們也會對自己發出警告資訊，但不論忠告還是警告，真正起作用的還是自己的積極心態。只要我們認清了自己心理是健全的，那麼對自己所追求、所喜愛的事物，在客觀條件允許的情況下，就要努力發掘自身的潛力，不懈地追求，用自己的優勢去尋找高品質的生活。

那麼自卑者該如何走出自卑陰影，並使之轉化為尋找積極生活的動力呢？以下幾點應該是自卑者培養積極心態的最好做法：

1.正視自卑，充分瞭解自己的自卑來源於何處

問問自己，如果這些因素立即消失，自己會不會感到幸福，這樣做，有利於消除一些隱藏的、模糊的概念。

比如有位女孩總是認為自己長得醜，所以情緒低落，工作也積極不起來，但當她經過美容後，仍然對工作惶惑不安。因此，她才發現真正的自卑是躲藏在容貌的後面，是對自己能力的不自信。對付自卑，正如對付敵人，不能知己知彼，也就不能戰勝它。

2.善用「補償」的功能擴大自己的內在光量

對於客觀存在的缺陷或不足，如果能改變的，比如口吃，或學業不佳引起的自卑時，

應該讓自卑化為全力以赴的動力以改正。有些不能改變的，比如個頭矮，即可集中努力於其他方面，如拿破崙的例子。其他像是容貌不美，可用優美談吐彌補；身體有缺陷，可以用功學習彌補等。

3.走路時要抬頭挺胸

心理學家告訴我們，假設你是一個嚴重自卑的人，這種走路方式更是重要，即使你不喜歡，也要裝出來，這樣起碼能讓周圍的人以為你是一個很有自信的人，也樂意和你打交道。

另外，懶惰的姿勢和緩慢步伐，會滋長一個人的消極思想，而改變走路的姿勢和速度可以改變心態。如果你相信的話，那就從現在試試看！

4.微笑，目視前方，眼神要正視別人

心理學家告訴我們：不正視別人，意味著自卑；正視別人，表露出的則是誠實和自信。同時，與人講話看著別人的眼睛也是一種禮貌的表現。

5.敢於當眾講話

卡內基說：「當眾講話是克服自卑，增強自信心，提升熱忱的最好方法。」

當眾講話，誰都會害怕，只是程度不同而已。所以千萬不要放過每一次當眾發言的機會。如果還是不敢當眾講話，為了你的幸福生活，你可以去找一份推銷工作，它可以讓

你變得愛說話。

6. 在眾人面前努力表現自己

試著在你乘坐捷運或公車時，在較空的車廂裡來回走走，或是當步入會場大廳時有意從前排穿過，或者約幾個朋友去KTV唱幾首歌。出席比賽的場合時，敢於選前排的座位坐下，以此來鍛鍊自己。

我們之所以要克服自卑，是因為它對我們的生活有很大的副作用，但事物都有雙重性，有一點「適度自卑」，恐怕也有些好處。它可以抑制自己的狂妄、焦躁，使自己思想有一點壓力，可以激發憂憤感，而獲取前進的心理動力，甚至一些有成就的名人在獲得成功之後還保留一點自卑心理。

例如著名物理學家法拉第，小時候因發「R」音上的缺陷而遭老師挖苦，被迫中途輟學。然而他另闢蹊徑，走上了科學之路，四十歲發明電磁轉化，之後又創造了世界上第一台發電機，打開了人類通往電氣化的道路。在名字轟動世界後，他卻說：「此種情況下，越發需要點自卑心理。」故而再度促使他不停地攀登科學新高峰，又多次獲得科學上的成功。由此看來，「適度自卑」也未必不好，不是嗎？

原諒那些傷害你的人

在我們的生活當中，處處有原諒存在，它不僅在我們的生活中，而且還在我們的生命中。

無處不在的原諒

當你劃破手指時，生命原諒了你，它潛意識中的智慧會立刻開始做修補工作，讓新的細胞在傷口處相互重新搭接。如果你誤食了腐爛的食物，生命會原諒你，讓你吐出食物來保護你。如果你手燒傷了，它會降低浮腫，增加血流量，長出新皮膚、新組織和新細胞來修護你。

生命從來不埋怨你，總是原諒你對它的傷害，讓你恢復健康，給你帶來活力和快樂。

如果生命都能原諒你，你難道就不能原諒生活中傷害你的人嗎？

原諒是對傷害的一種寬容，原諒別人能使自己和別人之間建立起一座美好的橋梁。人非聖賢，不能求全責備，對他人無心的傷害或被他人無心傷害都難免發生，因此，我們要盡力原諒他人。

正如天空收容了每一片雲彩，不論其美醜，故天空廣闊無比；高山收容每一塊岩石，不論其大小，故高山雄偉壯觀；大海收容每一朵浪花，不論其清濁，故大海浩瀚無比。

而你的寬容，會使你的精神更成熟，心靈更豐盈，你的生活才會更美好！

原諒他人，放過自己

許多人總是喜歡要求別人原諒自己的失誤，而不去原諒他人的過失。每個人都有原諒與不原諒別人的權利，但不原諒別人，就得時時惦記著別人的過錯，時時為別人的過錯而煩惱。

有的人會說：「誰稀罕你的原諒！」對你的原諒做出鄙夷的態度，進而做出讓你心中鬱悶的事情來，使你受傷的心靈雪上加霜，這時只有更多的原諒，才能撫平傷口。如果別人在你原諒的情況下感到內疚，你會獲得一份尊敬；如果別人不能察覺自己的錯誤，你也避免了被別人的錯誤影響你的情緒。

清朝乾隆年間，王爾烈離家進京趕考，這一走就是好幾年沒回來。王爾烈有個鄰居趁他不在家時，強占了兩家中間的院牆，這院牆明明是王家的，那個鄰居偏往他家那邊賴，還編了一套又一套的理由，死皮賴臉地和王爾烈的妻子吵鬧。

王夫人嚥不了這口氣，就把家中發生的事情一五一十地寫了封信給王爾烈寄去。

這時王爾烈在北京已經當上翰林，皇帝把他留在皇宮裡教小皇上。王翰林接到家書，立即提筆寫了回信。

王夫人整天受那鄰居的氣，日日盼望王爾烈能想個辦法，等啊等，終於盼到了回信。打開一看，信上卻只寫了幾句話：「千里捎書為一牆，讓他幾尺又何妨？萬里長城今還在，不見當年秦始皇！」短短幾句話表達了王爾烈規勸妻子心胸要開闊，遇事要謙讓。

王夫人理解丈夫的心情，也很尊重丈夫的意見，吩咐家人把相爭的中間牆往後退讓了一丈遠。

那家人見狀，又高興又感到奇怪，一打聽才得知王爾烈已當上翰林。有人勸說：「人家王爾烈在京教皇書，皇上都敬他三分。也就是王爾烈的為人好，不然，要給州官寫封信，你非得被打得皮開肉綻不可。」

這個人一聽，嚇得不輕，他自知理虧，說道：「世上都是仗勢欺人，可是王翰林有勢力能讓人，我得給王夫人賠禮認錯去。」

王夫人見到這個人前來磕頭請罪，連忙上前扶起，說道：「鄉里鄉親地住著，咱別為一道牆傷了和氣，你能種地就多種點嘛！放心地回去吧，王爾烈的為人大家是知道的，絕不會做仗勢欺人的事。」

聽完王夫人一番話，這人十分過意不去，心裡更是又慚愧又感動，回家後，也把院牆

朝自家退回一丈。後來，這兩家讓出的地方成為來往行人的過道了，這條過道就是現今中國遼陽城裡翰林府旁邊的仁義胡同。

原諒一個人是人生最大的美德，人生在世，不可能離群索居，也不可能總是一帆風順，彼此相處，哪怕個個心地善良，也難免會發生磨擦。譬如朋友間的誤會，同事間的糾葛，鄰里間的紛爭，夫妻間的爭吵等等，矛盾是無處不在的，但更重要的是能正確面對矛盾，只有正確面對才能很好的化解矛盾。若只是一味斤斤計較，便會自尋煩惱，製造痛苦，還會結成冤仇，而只當你原諒了那些傷害你的人，幸福才會永遠伴你左右。

常有人說：「自己被傷害得太深、次數太多，難以原諒傷害自己的人。」這種人往往永遠堅持自己是對的，對方是錯的，對事件的解讀常會從主觀且負面的角度出發，老覺得自己是一個受害者，因此很難原諒他人，而使自己深陷無盡的傷害與責怪他人的情緒死胡同裡。

如果我們不原諒別人，就永遠無法修復自己的創傷，傷口會繼續潰爛，永不癒合，冤家宜解不宜結，別和自己過不去。

讓我們用寬容去架設人生的橋樑，讓彼此間的心靈溝通。相信走過這座橋，人們的生命就會多一份空間，多一份愛心，人們的生活就會多一份溫暖，多一份陽光。

小心壞脾氣

你最心愛的玩具，被不懂事的弟弟給弄壞了，你過去對他就是一頓臭罵……。

好不容易放假想好好休息，卻被爸媽安排一堆行程，你氣憤地甩門而出……。

看到丈夫回家不洗腳也不洗襪子，就直接上床躺平睡覺，妳還真想一下子就把他從床上揪下來……。

暴躁與憤怒能解決問題嗎？

有一些人脾氣暴躁，遇事容易衝動，特別是對一些不順心或自己看不慣的事，常常容易生氣或嘔氣。但是，發完脾氣後，問題就能夠得到解決嗎？

你工作的壓力越來越大，心情越來越不好，看什麼都覺得不順眼，好像一切都在和你作對似的。

明明最討厭二手菸了，一聞到菸味就嗆得難受，可他卻在家裡一根接著一根地抽，你心裡沒來由地一肚子火，就一個箭步上去把他嘴裡的菸給奪過來狠狠地熄掉，而不是心平氣和地告訴他：「哦，親愛的！別抽了好嗎？」

你明明最討厭等人了，做好飯，發簡訊等他回來吃飯，他說一下子就到！可是你左等右等就是不見人影，飯菜都涼了，他才姍姍來遲地拖著疲憊的身軀走進家門。你連原因都懶得問，劈頭蓋臉地就問他：「怎麼這麼晚才回來！」並且又摔筷子又嘟囔，完全不給他解釋的機會。

他去國外出差，你讓他回來的時候給你帶一些小禮物，他想都沒想就答應了，你盼著他回來了，可告訴你的卻是：由於工作比較忙，他把這件事情給忘記了。你氣憤地甩門而出，心裡想著他根本就沒把你當回事！

你有沒有發現，自己的脾氣壞到了極點；你有沒有發現，自己總是無意間傷害了身邊的人。

如果你仔細地靜下心來想一想，就不難發現：

你一個箭步衝上去把他嘴裡的菸給掐滅了，自己的火氣仍然沒有消掉，反而有可能更加氣憤。

你劈頭蓋臉地問話、摔東西之後，心情並沒有變好一點，反而讓兩個人的關係陷入越來越緊張的狀態。

有時候，你也很懊悔，自己怎麼成了這個樣子，動不動就會生氣，就會發脾氣。可是就是沒有辦法控制自己的情緒，沒有理由地覺得生活當中的一切事情，都不太合自己的

壞情緒要不得

人生是短暫的，所以千萬不要因為一些雞毛蒜皮、微不足道的小事而耿耿於懷，為這些小事而浪費時間、耗費精力是不值得的。英國著名作家迪斯雷利曾經說過：「為小事而發脾氣的人，生命是短暫的。」

如果我們真正理解這句話的深刻含義，那麼我們就不會再為一些不值一提的小事而憤怒了。

有一個人，他的脾氣非常暴躁，常常動不動就生氣。於是有人給了他一袋釘子，並告訴他，每次發脾氣或者跟人吵架的時候，就在院子裡的籬笆上釘上一根釘子。

第一天，他就釘了三十五根釘子。之後，他慢慢地學會了控制自己的脾氣，每一天釘的釘子也逐漸減少了，他發現控制自己的脾氣，實際上比釘釘子要容易得多。

終於，有一天，他一根釘子也沒有釘，他把這件事告訴了給他釘子的人。那人告訴他：「從今天起，如果你一天都沒有發脾氣，就可以在這天拔掉一根釘子。」日子一天一

天過去,最後,釘子全被拔光了。

那個人告訴他:「你做得很好,可是看看籬笆上的釘子洞,這些洞永遠也不可能恢復了。就像你和一個人吵架,說了些難聽的話,你就在他心裡留下了一個傷口,像這個釘子洞一樣。」

插一把刀子在一個人的身體裡,再拔出來,傷口就難以癒合了。無論你怎麼道歉,傷口總是在那裡,要知道心靈上的傷口和身體上的傷口,都一樣難以恢復。

生氣就是拿別人的錯誤來懲罰自己,這是一句至理名言,如果說,我們遇到一點點的小事情就大發脾氣,難道對方就會得到懲罰了嗎?結果也只是適得其反。

試想一下,如果我們生氣大哭一場,只會把自己的眼睛哭得紅腫;如果我們喝悶酒,只會傷害自己的身體;如果我們瘋狂購物,也只能揮霍掉自己的血汗錢,這其實都是在變相地懲罰自己。

所以說,生氣不但不能解決問題,還會把問題搞得複雜化,回過頭來,仔細地想一下,人生在世也就那麼幾十年,為什麼非要讓生氣來占據自己的生活空間呢?來人世走這麼一遭真的是很不容易,為什麼要讓人生的旅程走得如此舉步維艱呢?

人的生命是非常有限的,生氣發怒是對時間和情感的浪費,雖然憤怒是一種正常的生理反應,但是我們應該成為自己情緒的主人,而不是被他人所左右。

任何一個明智的人都不會把時間浪費在發怒上，這是對自己生命的褻瀆。把生氣的時間用在盡可能地把事情變得更好，才是真正尊重自己的好方法及好做法，才能讓有限的生命綻放出絢麗的色彩。

學會不生氣

人的一生，應該是快樂的一生，人活在世上，大概沒有幾個人願意在憂愁苦悶中輾轉，視快樂為首要的精神享受是天經地義的，同時也是無可非議的，快樂即健康，快樂即幸福，悲觀的人雖生猶死，樂觀的人精神不死。

憤怒在誰手裡

然而在日常生活中，我們常常看到有人快樂，有人則愛生氣，其實外在的世界並沒有什麼不同，這主要是人們對快樂的理解不同所致。

俗話說：「人氣人，氣死人。」此話不假，看過《三國演義》的人，都會記得雄才大略的周瑜是怎麼死的——是被諸葛亮氣死的。說來可笑，但在現實生活中，這種人還真不少，他們動不動就生氣發怒，動肝火，或給人惡性刺激，這對生活乃至生命是極為有害的。

從前有個人出於嫉恨和誤解，惡罵釋加牟尼，罵得很凶，整個人像被怒火燒炙著。

釋迦牟尼平靜地閉著眼打著坐，沒理他。

那人最後罵累了，就喘著氣問：「你為什麼不說話？」

釋迦牟尼緩緩地睜開眼問：「如果你送別人一份禮物，別人不接受，這份禮物在誰手裡？」

那人不假思索地說：「當然還在我手裡啊！」

釋迦牟尼又說：「你剛才怒罵我，我聽而不聞，那怒氣不還是回到你自己身上嗎？」

「氣大傷身啊！」釋迦牟尼最後語重心長地說。

康德曾經說過：「生氣，是拿別人的錯誤懲罰自己。」心理學研究告訴我們，生氣是一種不好的情緒，是一種消極的失常心境，猶如一把殺人的刀，會把一個人從心靈上和身體上澈底毀掉。

醫學研究又告訴我們，如果這種感情超過了人體的承受限度，就會對人體的神經系統、心血管系統、內分泌系統等造成損害，甚至會導致疾病。

正如《黃帝內經》所云：「百病生於氣也，怒則氣上，喜則氣緩，悲則氣消，恐則氣下。」可見，生氣有百害而無一利。生氣這種不良的情緒亦有盲目與自覺之分。感情的自覺需要理性的指導，否則會盲目地導致心態失衡，易於使心頭燒起無名之火。

有的人是因別人的過錯而生氣，何必呢？有的人一想起一些往事就生氣，甚至越想越

生氣，而在旁人看來，那只不過是雞毛蒜皮的瑣事而已，須知「怒氣是昨天理智之燈的一陣風」，它會給自己的心頭帶來不易消失的陰影。

醫學心理學家發現，人在生氣發怒後，常使免疫機能下降，抗病能力降低，各種病原微生物乘虛而入。情緒經常抑鬱者易患胃癌；情緒經常失望、悲觀、憂傷者易患子宮頸癌；情感釋放經常受到限制的人易患肺癌；情緒經常焦慮的人易患乳腺癌。

因此專家建議：為了防治癌症，做到健康長壽，人們要保持良好的心境，樂觀的情緒，豁達的胸懷，不論遇到什麼樣的惡性刺激，不管什麼情況下，都要用理智來控制自己，神定自若，悠悠自得，鼓足勇氣，戰勝困難，千萬不要遇事生氣發怒，或給人惡性刺激。

如何不生氣？

如果你想快樂，不想生病的話，請你學會不生氣。那麼怎麼才能做到不生氣？首先要加強自己的思想修養，培養自己的忍力、耐力和毅力。人當失意之時，易生悶氣，甚至心如刀絞，此時如能氣量寬宏，平心靜氣，不生憤恨之心，不起榮辱之念，心中悶氣就會化為烏有。

同時，還可以採用一些適當方法將心中悶氣釋放出來，如與知心親友談談心，一吐為快；或爬爬山，登樓遠眺，想必就會產生像范仲淹所描述的感覺一樣：「登斯樓也，則有心曠神怡，寵辱皆忘，把酒臨風，其喜洋洋者矣。」或口中哼幾支自己喜愛的歌曲，讓煩惱和悶氣化為烏有。

另外，再教你幾個如何訓練自己不生氣的高招：

1. **學會說「無所謂」。** 設想以前發怒之事，對鏡子扮個鬼臉，說聲「無所謂」。

2. **深呼吸。** 發生不順心的事，或是遇到誤解，試著用深呼吸來放鬆緊張的心裡。

3. **試試推遲動怒的時間。** 每一次比上一次多推遲幾秒，久而久之，可自我控制。

4. **請你信賴的人提醒你。** 讓他們每當看見你動怒時，便讓你意識到自己的負面情緒。

5. **寫日記。** 每當生氣的時候不妨記下時間、地點、事件，持之以恆可達到自我控制。

6. **懂得自愛。** 提醒自己，即使別人如何不好，發怒首先傷害的是自己的身體。

7. **多想想。** 每當要動怒時，花幾分鐘想想你的感覺和對方的感覺。

8. **找到談話發洩的窗口。** 當你不生氣時，同那些經常讓你受氣的人談談心，互相指出容易引起動怒的言行。

9. **挑戰困難。** 遇到挫折時，不屈服於挫折，迎接挑戰就沒有空閒發怒了。

10.自我解嘲。 每當遊戲、比賽輸了就說故意讓對手，博君一笑。

以上十種方法是很靈的，當你再生氣的時候，你可以試試，或者這樣想想：「我願意傷害自己嗎？我願意得病嗎？」不想的話，就讓這些氣消了吧！

寬恕多一點，快樂多一點

有位著名的哲人曾說過：「一隻腳踩扁了紫羅蘭，它卻把香留在那腳跟上，這就是寬恕。」上蒼造物，何等超絕，在賦予生命的同時，也賦予了一顆寬恕的心，就像那紫羅蘭，從不拿別人的缺點懲罰自己。

不要用他人的錯來懲罰自己

人生一世，草木一秋，每個人都會有各種各樣意想不到的遭遇，只要我們時刻都能秉持一顆寬恕的心，就可以隨時隨地獲得快樂。

常聽人說：「我不能寬恕你，我恨你。」這樣的說法不僅給對方帶來不快，更使自己不快。因為「仇恨」是世界上最愚癡的行為，打倒它的唯一辦法就是拿起寬恕這個武器。

寬恕是一種品性，也是一種能力；寬恕是深藏愛心的體諒，是對生命的洞見；寬恕不僅是一種雅量、文明、胸懷，更是一種人生的境界，寬恕是幸福！寬恕了別人就等於寬容了自己，寬恕的同時，也在創造著生命的美麗。

在我們的生活中，往往有很多愛恨情仇，恩恩怨怨，那麼怎樣才可以化解這些恩怨

呢？唯一消除這些恩怨的辦法就是寬恕，唯有懂得寬恕別人，才能得到真正的快樂。佛陀曾說過：「如果一個人的快樂，是希望從別人身上去獲得，那會比一個乞丐沿門托缽還更痛苦。」

一個小和尚過獨木橋，剛走了幾步就看到橋對面走來一個大著肚子的孕婦，小和尚見此情景，便很有禮貌地轉回橋頭，讓孕婦先過了橋。

等到孕婦過完了橋，小和尚又抬步走上了獨木橋。但很不巧，在走到橋中央時，他又遇到了一位挑柴的樵夫，小和尚嘆了口氣，便又折回橋頭給樵夫讓路。

等樵夫過了橋，小和尚不敢再次貿然上橋，他在橋的這一頭，等著橋那邊的人都一一過來，再無人過橋時，才又重新上橋。

可是，當小和尚就要走完獨木橋時，迎面又趕來一位推著獨輪車的農夫也要過橋。眼看就要過橋了，這次小和尚可不想再給人讓路了。兩人互不相讓，話不投機，開始爭吵起來。

就在這時，河面上划來一葉小舟，舟上坐著一個老和尚，橋上的兩人正僵持不下，見此情景便不約而同開口請老和尚來為他們評評理。

老和尚把舟停下，看了看農夫，問他：「你真的急著過橋嗎？」

農夫答：「當然，要是再晚，我就趕不上集了。」

老和尚說：「你既然急著去趕集，為什麼不趕快給小和尚讓路呢？你只要退幾步，那小和尚就能過橋了，小和尚過了橋，你不就能順利過橋了嗎？」

農夫聽後，一言不發。老和尚笑笑又問那小和尚：「你為什麼不給這農夫讓路呢，是因為你快到橋頭了嗎？」

小和尚說：「在此之前我已經給許多人讓了路，如果繼續再給這農夫讓路，我便過不了橋了。」

「那你現在就能過去嗎？」老和尚反問他，「既然你已經給那麼多人讓了路，再讓一次，也不嫌多，出家人多行善事，何樂而不為呢？」

小和尚一時間紅了臉，無言以對。

當我們在人生的旅途中，遇到荊棘叢生和困難時，最要別人的幫助，當別人無意中給自己帶來不利時，最需要的是寬恕。懂得寬恕別人的人，不會嫌棄自己寬恕的人太多，因為在他寬恕別人的同時，自己也得到了寬恕，得到了快樂，寬恕越多快樂越多。

過於苛求別人或苛求自己的人，必定處於緊張的心理狀態之中，而一旦寬容別人之後，心理上便會經過一次巨大的轉變和淨化過程，使人際關係出現新的轉機，諸多憂愁煩悶都可以得到避免和消除。寬恕，意味著你不再為他人的錯誤而懲罰自己。

帶給世界寬恕的喜悅

寬恕地對待你的對手，在非原則問題上以大局為重，你會得到退一步海闊天空的喜悅、化干戈為玉帛的喜悅、人與人相互理解的喜悅。在這個世界上，每個人走著自己的生命之路，但紛紛攘攘，難免有碰撞和衝突，如果冤冤相報，非但撫平不了心中的創傷，而且只能給受傷的心撒下一把鹽。

還記得海明威的小說《世界之都》裡的住在西班牙的那對父子嗎？他們經過一連串的事情後，關係變得異常緊張。後來，男孩選擇離家而去，父親心急如焚地尋找他，可是怎麼也沒找到。

再後來，他在馬德里的報紙上刊登尋人啟事，尋人啟事上寫著：「親愛的帕科，爸爸明天在馬德里日報報社前等你。一切既往不咎。我愛你。」隔天中午，報社門口來了八百多個等待寬恕的「帕科」們。

世上有無數的人在等待別人的寬恕，寬恕的受益人不只是被寬恕者，還有和他們一樣多的人可以得到好處——就是那些寬恕他們的人。寬恕是一座讓我們遠離痛苦、心碎、絕望、憤怒和傷害的橋，在橋的那一端，平靜、喜悅、祥和正等著迎接我們。

二戰期間，一支部隊在森林中與敵軍相遇，激戰後兩名戰士失去了聯繫，這兩名戰士

都是來自同一個小鎮，但他們相互都不認識。

兩人在森林中艱難跋涉，他們互相鼓勵，互相安慰，十多天過去了，仍未與部隊聯繫上。這一天，他們打死了一隻鹿，依靠鹿肉又艱難地度過了幾天，也許是戰爭使動物四散奔逃或被殺光，這之後他們再也沒看過任何動物，他們僅剩的一點鹿肉，背在年輕戰士的身上。

這一天，他們在森林又一次與敵人相遇，經過一次又一次的激戰，他們終於巧妙地避開了敵人。就在他們以為安全的時候，忽然聽見了一聲槍響，走在前面的年輕戰士中了一槍——幸虧傷在肩膀上！後面的士兵惶恐地跑了過來，他害怕得語無倫次，抱著戰友的身體淚流不止，並趕快把自己的襯衣撕下包紮戰友的傷口。

晚上，未受傷的士兵一直念叨著母親的名字，兩眼直勾勾的，他們都以為熬不過這一關了，儘管饑餓難忍，可他們誰也沒動過身邊的鹿肉，天知道他們是怎麼捱過那一夜。

第二天，部隊救出了他們。

事隔三年，那位受傷的戰士安德森說：「我知道誰開的那一槍，他就是我的戰友，當時他抱我時，我碰到他發熱的槍管，我怎麼也不明白，他為什麼對我開槍？但當晚我就寬容了他，我知道他想獨吞鹿肉，我也知道他想為了他母親活下去。」

「此後三十年，我假裝根本不知道此事，也從不提及。戰爭太殘酷了，他母親還是沒

有等到他回來，我和他一起祭奠了老人家。那一天，他跪下來，請求我原諒他，我沒讓

他說下去。我們又做了幾十年的朋友，我寬容了他。」

一個人，能容忍他人的固執己見，自以為是，傲慢無禮，狂妄無知，但卻很難容忍對

自己的惡意誹謗和致命的傷害。唯有以德報怨，把傷害留給自己，讓世界少一些仇恨，

少一些不幸，回歸溫馨、仁慈、友善與祥和，才是寬容的至高境界。

以寬容的心來待人接物，不為貪、瞋、癡的煩惱所束縛，我們的心便能時刻自在、光

明、清淨，心胸廣大，寬容慈忍，放下執著計較的心，領悟生命的內涵，便能站到比別

人更高的位置，觀看問題和處理事情也會比別人更加透澈，還會使你走出生命固有的盲

點，由此成為生活的智者。

有了寬容之心，必然就不怕吃虧，俗話說得好——吃虧是福。在與人交往之時，倘若

有一顆寬容之心，不計較得失與付出的多少，必然能收穫一個好友與一份好的心情，予

人快樂即予己快樂。

在愛情中漫步

「相愛容易，相處難」——交往第一天，牽手，快樂；交往第二天，親吻，浪漫；交往第三天，擁抱，溫暖……那麼第十天、第二十天、第一百天呢？

相愛的初期，總是什麼都新鮮，眼中的他總是那麼有趣，就像是剛踏進遊樂園的孩子，有太多東西等著兩個人一同去嘗試。但時間總會過去，激情總會褪去，當回歸了正常生活的相處時，問題才正要浮現。

愛，是一句貼心的話，一個不需言喻的笑容；愛，是兩個人共同的力量，是寬容、理解、與努力。問題的產生，是因為兩個人的相處；問題的解決，自然也必須由兩個人共同來努力。所有珍貴的東西，都是在精細的呵護下誕生的——精雕細琢的鑽石、百年孕育的珍珠，都是這樣，你希望你的愛情是廉價的水鑽，還是獨一無二的稀世珍寶呢？

愛，需要表達

如果給你一個機會表達，你想許下什麼樣的諾言？

如果給你一個機會表達，你想說什麼樣的愛情宣言？

如果給你一個機會表達，你想宣洩什麼樣的愛情感觸？

勇於表白內心的感情

如果喜歡一個人，那麼一定要說出來，千萬不要埋在心裡，苦了自己。喜歡不是什麼壞事，雖然說出來需要一定的勇氣，但是不說出來，對方怎能知道我們的心意呢？

一位開計程車的年輕人，愛著一位同樣開計程車的小姐，可是他一直鼓不起勇氣去表白，後來開計程車的小姐嫁給了別人。失望之下，年輕人娶了一位他根本不愛的人當自己的終身伴侶。

若干年之後，他們各自駕駛著計程車，在路邊等人搭車時不期而遇。這時他講起了年輕時對她的愛慕，並十分肯定地表示她根本就不會愛自己，因為在他看來，她從來就沒有注意過自己……。

那小姐卻說：「你又沒有表白過，怎麼知道我不愛你呢？」

他吃了一驚：「妳是說……妳也曾經愛過我？」

小姐笑著說：「雖然我當時並沒有愛上你，但是，我對你也有好感，感情可以慢慢發展嘛。」

然而，這一切都太晚了！兩輛計程車分道揚鑣了……。

大聲地、勇敢地去表白，不要在意對方的回應是如何，因為我們都有喜歡的權利，沒必要在意成敗與否。我們喜歡他（她），讓他（她）知道，那都是我們的權利，不要受到限制。

而且說出我們的愛，又有什麼呢？大不了是一張紙，一句話，一個簡訊，一通電話的簡單事，又不會缺胳膊少腿的，畏懼什麼呢？

如果遇到喜歡的人，想到真愛的話，那就大膽地去追，去表白吧，不要因錯過而後悔莫及。

善待對方，不要讓愛擱淺

愛情的偉大在於兩個人能在簡單平淡的生活中相守到老，愛情的寬容則是能善待愛自己的人。不少愛情故事的分分合合，終究還是會因為曾經愛過，藕斷絲連，時不時地想

知道對方生活得怎樣了……。

但無論如何，都請每個愛人或者被愛的人保持良好心態，善待愛自己的人，才是最真實地善待自己。千萬不要將受過傷的怨氣發洩在身邊的人身上，不要總認為身邊人最親

最近，永遠不會失去，所以輕忽，不知重視，等想要珍惜時，可能已經晚了。

有一對情侶，女孩很漂亮，非常善解人意，偶爾會出一些壞點子來耍耍男孩。男孩很聰明，也很懂事，幽默感很強，總能在兩人相處中找到可以逗女孩笑的方式，女孩很喜歡男孩這種樂天派的個性。

他們相處一直都很不錯，女孩對男孩的感覺淡淡的，說男孩像自己的親人。男孩對女孩的愛則很深，非常在乎她，所以每當吵架的時候，男孩都會說是自己不好，即使有時候真的錯不在他，他也會這麼說，因為他不想讓女孩生氣。

在一個週末，女孩出門辦事，男孩本來打算去找她，但一聽說女孩有事，便打消了這個念頭。他在家裡待了一天，也沒有聯繫女孩，他覺得女孩有事要忙，自己不好再去打擾她。

誰知女孩在忙的時候，還想著男孩，可是一天沒有接到男孩的消息，她很生氣，覺得男孩不在乎她。晚上回家後，她發了簡訊給男孩，因為正在氣頭上，話說得很重，甚至提到了分手，當時是晚上十二點。

這時，男孩心急如焚，連續打了三次女孩的手機，但對方都給掛斷了，打家裡電話也沒人接，他猜想女孩是故意不接。於是他抓起衣服就出門了，他要去女孩家，當時是晚上十二點二十五分。

之後，男孩也沒有再給女孩打電話。

第二天，女孩接到男孩母親的電話，電話那邊聲淚俱下，男孩昨晚出了車禍。

女孩的母親把男孩當時身上的遺物給了女孩，錢包、手錶，還有那支沾滿男孩鮮血的手機。女孩翻開錢包，裡面有她的照片，但已被血漬浸透了大半張。當女孩拿起男孩的手錶時赫然發現，手錶的指針停在十二點三十五分附近。

女孩瞬間明白了，男孩在出事後還用最後一絲力氣給她打電話，而她卻因為還在賭氣沒有接。男孩再也沒有力氣去撥第二通電話了，他帶著對女孩的無限眷戀和內疚走了。

女孩永遠不知道，男孩想和她說的最後一句話是什麼，而女孩也明白，不會再有人比這個男孩更愛她了！

生命中有一種東西是不能恣意消費的，那就是——感情，我們要學會愛自己，愛別

女孩在十二點四十分的時候又接到了男孩的電話，是用手機打來的，但她又掛斷了。

女孩心痛到哭不出來，可是再後悔也沒有用了，她只能從點滴的回憶中，懷念男孩帶給她的歡樂和幸福。女孩強忍悲痛來到了事故現場，她想看看男孩待過的最後的地方。

人，別讓愛成為愛人的負擔，別讓愛成為哀傷的愛。

詮釋。

愛，需要表達；愛，需要包容；愛，需要理解；愛，需要珍惜；愛，最需要用美好來

善待所愛的人，如同善待自己，因為今世的緣分，說不定就是我們前世苦苦求來的！

善待愛人，善待自己，今世的善緣才會成為我們今生幸福的泉源。

愛情不會永遠等著你

愛情的潮水，一旦噴湧而淺，是無法回頭的。

愛情有多少愛，可以重來，有多少人，值得等待？

愛情不再需要轉移

人的一輩子，不要因為某些人或是某些原因而去改變自己的想法與做法，做就要做真實的自己，真正的自己，獨一無二的自己。不要為任何事而把自己給弄丟了，也不要為那些不值得等待的人去等待。

因為，有多少人真的值得我們去等待呢？如果幸運的話，也許可以等來他（她）的回應，如果不幸運呢？不就讓時間流逝在歲月的洪流中嗎？那不僅僅是時間，更是生命啊！真的有人值得我們去付出生命嗎？這世界上，有這樣資格的人簡直是太少了，所以不要做無謂的犧牲，只有把自己交給自己才最可靠、最放心。

男人和女人一樣，都渴望生命中的另一半是個兼具理性與感性的人，但尋尋覓覓了一大圈之後才發現，其實自己想要的很簡單。

愛情需要忠誠面對，在我們千方百計地獲得自己所愛之人的芳心時，我們應該珍惜並心存感激，因為這份愛來之不易。他（她）把他（她）的青春與一切都奉獻出來，作為回報，我們更應該一心一意來對待，滿足他（她）其實也是帶給自己幸福。

別讓愛情在等待中衰老

大仲馬說：「人生就是不斷的等待和希望。」等待即是整個生命，有時候是盲目的，有時候是清醒的，有些希望也許這輩子都實現不了，於是生命在等待中難免還有失望。

女孩和男孩是青梅竹馬，但他們的愛情並不一帆風順，原因是從小到大，男孩一直認為女孩對於自己的縱容和依賴都只是喜歡，與愛無關。

於是，男孩無視女孩的存在，也不在意她的喜怒哀樂，放縱著自己的任性，一次次傷害女孩，一次次任女孩的心像花瓣一樣飄零在風中。

那一天是女孩的生日，男孩不顧女孩的苦苦哀求，沒有出席她的生日Party，其實他也沒有什麼大事，只不過是為了看一場自己並不喜歡，當然也說不上精彩的球賽。可是當他看到半場的時候，忽然莫名地感到一種心悸，不知道是哪根神經刺痛了他，他突然意識到女孩在他的生命裡似乎比較重要。

於是，他衝下樓去，發瘋般地穿過大街，向女孩舉行Party的地方奔去，然而一切

都遲了，女孩的生日已曲終人散，而女孩也在傷心絕望之餘徹底放棄。男孩看到她和一個風度翩翩且氣質不俗的男人上了一輛車，絕塵而去。

男孩掏出手機，拚命地撥打女孩的電話，卻只不斷聽到：您所撥打的電話沒有回應。

男孩頹然地坐到了地上，往事一幕幕湧上心頭，大街上不知從哪個店裡就恰好傳出一首老歌：「認識你原以為會有結果，愛上你也曾想一生執著，離開你心還是無處可躲，再見時卻無話可說……。」

後來，男孩也試圖去尋找女孩的蹤跡，可是上天卻像故意和他開玩笑一樣，讓他一直無法再打聽到女孩的消息，直到她出國的前夜，在他的百般哀求下，女孩終於答應再見他一面。

那天，女孩對男孩說，青春的愛戀更多的是一種激情，它如洪水般猛烈，卻又似洪水般無情，當它一次次無法通過夢想的港口時，積聚到一定的程度便會決堤而出。

女孩還告訴男孩，對於未來，她也不確定，不知道自己究竟要流向哪裡，但她不準備回頭，因為，愛情的潮水，一旦噴湧而出，是無法回頭的。

在目送女孩遠去的背影時，男孩突然明白，人不能讓愛情守候太久。

別讓愛情走遠

當愛情來了，就要好好把握，謀事在人，成事在天，這叫隨緣可遇；當愛情沒來，自己創造機會，製造機會來把握愛情，這叫愛情可求。

要相信自己，愛情是可遇，又可求的。

愛需要寬容和理解

愛的分量太重了，往往當我們愛的時候卻沒有能力去承擔那份愛，等到失去以後才追悔不已，可是一切都已經太遲了。希望所有的人都能好好把握自己現在擁有的愛情，也許很多人一生只會遇到一次真愛，可是能把握住這份愛的人卻是那麼的少之又少。

兄弟兩人娶了一對姊妹，哥哥娶了姊姊，弟弟娶了妹妹，婚後不久，姊妹倆便鼓勵自己的丈夫出去賺錢。外出打工的第一天，哥哥掙回五百元，他的妻子高興得又蹦又跳，直誇自己的丈夫能幹，而同樣掙回五百元的弟弟卻被妻子狠狠地指責了一頓，罵他比哥哥強壯，掙回的錢卻和哥哥一樣多。

第二天，兄弟倆又出去打工，這一天，他們分別掙回一千元。然而，回到家裡之後，

兄弟兩人的境遇迥然不同，哥哥得到的仍是妻子熱情的鼓勵，而弟弟再次遭到了妻子的冷淡對待。

日子久了，哥哥變得越來越快樂，越來越自信，夫妻越來越恩愛，家庭越來越和睦，而弟弟在妻子的咒罵聲中變得鬱鬱寡歡，家中整日硝煙不斷。終於有一天，弟弟再也無法忍受妻子的指責和謾罵，主動和她離了婚。

男人需要鼓勵，殘酷的現實，充滿激烈競爭的社會，在人們的下意識裡給男人們制定了一條英雄標準線，線上的男人是成功的，而線下的……。

於是，線下的男人拼死命也要往線上趕，而線上的怕有朝一日會被人擠出了線，為保存現有的水準，或仍想有所超越而強撐疲憊不已的身心，縱然憔悴不堪，在外人面前仍要做個強者。

有時候，因為沒有耐心，輸給了自信；因為沒有勇氣，輸給了時間；因為沒有寬容理解，失去了愛情。所以不要讓愛情擱淺，不要讓情感停歇，我們要好好把握身邊的愛情，小心呵護愛情的花朵，盡情地演繹愛的真諦，好好珍惜現在所擁有的一切吧！

適時把愛情拉回來

愛情，永遠是被人討論最多的話題，人們對愛情的討論也是千奇百怪，無奇不有，當

115

我們深入地瞭解之後會發現，千百年來的愛情，內容其實都大同小異。

想要控制對方，又希望自己能享受絕大的自由，這是愛情的霸道，也是愛情的盲點。

愛，不是犧牲，也不是占有，愛就像風箏一樣，你要給它飛翔的自由，也要懂得適時把它拉回來。

李妍和王剛是在工廠認識的，李妍是她父親的下屬，一個基層的生產線作業員。她年輕貌美，他憨厚老實，偏偏她喜歡憨厚老實，而他喜歡她的美貌，兩人從戀愛到結婚，過程一帆風順，很像人們說的「天賜良緣」。

結婚頭兩年的時間，他和她「男主外，女主內」，日子過得有滋有味，後來李妍心疼他整日在工廠工作太辛苦，讓他去考在職專班繼續念書，他很爭氣地考上了。從此，小倆口的生活擔子全壓在她一個人身上，辛苦可想而知，但是她覺得臉上有光，吃點苦算不了什麼。

他們日子最苦的時候，飯桌上只有兩顆饅頭和一碗清淡的玉米粥，她說「你喝」，他也說「妳喝」，讓來讓去，大半碗的玉米粥，最後還是歸王剛喝了。每次他喝完，跟她說一句「好喝」，她那不化妝的臉上便有幸福的光芒蕩漾開來，那時，他是她心裡最大的幸福，誰都看得出來，誰都相信他和她會一直幸福下去。

終於，他們渡過了最艱苦的歲月，他畢業後，她想苦盡甘來了。王剛是個很進取的男

人，努力工作爭取老闆賞識，後來一路升上工廠的副廠長，應酬多了，身邊的女人自然也多了，開始回家怎麼看妻子都覺得不順眼。

女人很敏感，李妍察覺到了，但她是一個不善於言表的女人，因此，她並沒有對他說什麼。

有一天，王剛看上外面漂亮的女人，回家對她說：「我們離婚吧，妳看妳有什麼條件和我在一起。」她聽後愣了一下，眼淚湧上了眼眶，但她強忍著沒讓它落下來，因為她知道有一些事是不能強求的。

李妍對他點了一下頭說：「我同意離婚，但是在離婚之前，我想再給你做一碗玉米粥。」他沒有反對。

玉米粥很快就做好端了上來，像從前一樣，她和他在飯桌前對坐著，她說：「喝吧。」王剛拿起湯匙喝了第一口玉米粥，清淡的感覺，讓他莫名地想起了從前他們相依為命的那些日子。

李妍又說：「多喝點。」他已經喝下半碗的玉米粥了，很熟悉的感覺，暖暖的，在他心窩不停繞著。她說：「快喝，涼了就不好喝了。」王剛碗裡的玉米粥只剩下一匙了。

他忽然覺得妻子就是自己的玉米粥，不比山珍海味，但是它養身，他在喝下最後一口玉米粥時，眼裡流出了淚水，王剛知道，這是她的關心，是她一直不變的關心，最終，

王剛沒有離開她，李妍知道，她成功了，她留住了他們的幸福。

有的愛情可以天長地久，有的愛情也許會在一瞬間化為烏有，所以當愛情來臨時，我們都要好好珍惜和把握。在愛情的故事裡，願我們都成為主人公，時刻感受愛的真諦，愛不需要海誓山盟，不需要高規格的要求，只要默默守候屬於自己的那份快樂和感動，足矣！

半糖主義

我要對愛堅持半糖主義，永遠讓你覺得意猶未盡，若有似無的甜才不會覺得膩；我要對愛堅持半糖主義，真心不用天天黏在一起，愛得來不易，要留一點空隙彼此才能呼吸……。

什麼是半糖主義？

〈半糖主義〉是一首流行歌曲，講戀愛的道理，而這個道理值得人們去深思。半糖主義，說白了就是一種健康向上的生活態度，如果你過得太貧苦，一定會有種沮喪且失望的感覺；如果過得太美滿，一定不容易發現自己是那麼的幸福，當然也不會懂得珍惜現在的生活。因此我們說，生命的最佳狀態就是不迴避煩惱與苦難，同時學會給自己的生活加半勺糖，體味生命的香甜，領悟甘苦參半的人生。

俗話說：「君子之交淡如水。」在此與半糖主義其實並沒有太多的區別，如在我們的生活中，對事業成功的追求，應該努力爭取，頑強拼搏，但又不急功近利，不奢求強求；如對我們情感的嚮往，應該懂得珍惜，好好把握，但又不束縛他人，給對方足夠的

自由與快樂；又如人們對婚姻的態度，都認為夫妻雖朝夕相處，但也要懂得親密有間的道理。甚至於生活中的穿衣打扮，一日三餐，都應該運用「半糖」的態度，這樣才不至於過度，也正是人們所說的，苦中有樂，甜中有苦的生活。

只有抱持半糖主義的態度，才能使一個人正常地面對生活。因此，戀愛中的人不妨試著開始半糖主義生活，這樣才有更大的可能使你們攜手走過未來更長的人生路。

膩久必然會分

小燕是一個頗具魅力的女孩，剛進入大學唸書不久，便有很多男生追求，最後，小燕在眾多追求者中，選擇了一位心儀的男孩作為男朋友，但外表的美麗並沒有使小燕得到想像中的愛情。

與男友交往一段時間後，隨著感情增溫，每天下課後的短暫時間，當然不能慰藉兩人的相思之苦，於是他們開始了同居生活。此外，小燕還將自己每月的生活費全權交由男友來掌管，這樣使得小燕不得不向男友每天要伙食費，不僅如此，就連買一些生活必需品與零食，都需要向男友申請。

原本以為生活在一起可以更增進彼此之間的感情，但結果卻出乎意料，他們之間的矛盾很快就顯露了出來。一些生活中的小事讓他們的爭吵越來越多，甚至有好幾次都提到

120

了分手，後來小燕便時不時地搬回宿舍去住，誰知這樣卻使他們的關係好了起來。

我們可以得出一個結論──只有「半糖主義」的愛情才能長久，而膩久了的愛情必然會分。

大家都知道，戀愛的過程其實就是一個消費的過程，同時戀愛的火熱度與消費水準也常常是成正比的，因為人們總是在不知道對方是否真正喜歡自己之前，愛用金錢支出的多少來衡量對方對自己的喜歡程度，當然，這也只是其中的原因之一。另外，為了戀愛，人們也會在場地與飲食的選擇上比較大方，長期下來會對彼此造成了負擔。

可見，只有「半糖主義」的生活才是最適合發展的長久之計，試想，愛得來不易應留一點空隙，這樣彼此之間才能呼吸。有時候緊緊牽著對方，最後的結果卻是他掙開了你緊握的雙手。因此，每個人都應該有屬於自己的生活，有自己的空間，愛不是每天相依為命，否則膩久了的愛情必然會分開。

一杯咖啡的愛情

當愛情轉變為親情時，最容易被人們忽略，但這種愛情與親情的轉變也最容易讓人們感動。

加鹽的咖啡

延平和怡人是在一個晚會上認識的，那時的她，是那樣的年輕美麗，身邊的追求者自然很多，而延平長相普通，家境一般。因此，當晚會結束，延平邀請怡人去喝咖啡的時候，怡人其實是有點不願意的，但出於禮貌，還是去了。於是，他們的故事開始了。

當時，兩人坐在咖啡廳裡，氣氛有些尷尬，互相都不知道應該談點什麼，怡人只想盡早結束這場約會。這時，服務生把咖啡端了上來，只聽到他說：「麻煩你給我加點鹽，我習慣喝加鹽的咖啡。」當時，她愣了，服務生也愣了，他們的目光同時集中在延平身上，以至於他的臉都紅了。

當服務生把鹽拿過來時，他放了點進去，慢慢地喝著。由於好奇，怡人還是問了：

「你為什麼要在咖啡裡加鹽呢？」他沉默了一會，一字一頓地說：「小時候，我家住在海

122

在愛情中漫步

鹽的咖啡。

邊，我老是在海裡泡著，當海浪打過來時，海水就會湧進我的嘴，那味道又苦又鹹。現在，很久沒回家了，咖啡裡加鹽，算是想家的一種表現吧，這樣可以把距離拉近一點。」

怡人聽了很是感動，從那之後，她帶他去遍了大大小小有名的咖啡廳，每次都是她說：「請拿些鹽來好嗎？我的朋友喜歡咖啡裡加鹽。」再後來，他們結婚了，生活確實像怡人想得那樣，過得很幸福，而且一過就是四十多年，直到延平前不久得病去世。

就在怡人整理丈夫遺物的時候，發現了一封信，信是寫給她的：

請原諒我一直都在欺騙妳，記得第一次請妳喝咖啡時，由於氣氛非常差，我也很緊張，不知道怎麼想的，就向服務生要了鹽，當時既然說出來了，我只好將錯就錯。誰知，居然引起了妳的好奇心，就這樣，讓我喝了半輩子加鹽的咖啡。其實很多次，我想告訴妳實情，但我又怕妳生氣後離開我。直到現在我終於不怕了，因為死人是很容易被原諒的，不是嗎？今生有妳是我最大的幸福，如果有來生，我還希望能娶到妳，只是，我可不想再喝加鹽的咖啡了，咖啡裡加鹽，那味道真的很難喝。咖啡裡加鹽，我當時是怎麼想出來的！

讀罷怡人非常吃驚，雖然是被騙了，但她還是很高興，因為有人願意為她喝半輩子加

123

真誠地與人相處是為人處世最基本的前提條件，如果一個人不懂得誠實，根本不去顧及別人被欺騙後的感受，這樣的人終將得不到別人的肯定，甚至還會因此改變一生。但有時候欺騙也是一種善良、善意的謊言，也會讓人感受到另類的幸福。

美滿的婚姻是男女雙方相互妥協的產物，而這種妥協就是對婚姻的協調。誠實、信任，是婚姻生活中必不可少的因素。俗話說：「金無足赤，人無完人。」世上沒有零缺點和零過失的妻子或丈夫，求全責備，不能容人，只是心胸狹隘、目光短淺的表現。

一般說來，夫妻間的非原則性矛盾，都可以通過「忍耐、克制、寬容」來解決。但有些生活中的瑣事，並非我們想像中的那麼簡單，因此，就會出現一些善意的隱瞞與欺騙，不過有時候隱在它背後的真相，卻是一種令人感動的愛。這時的隱瞞與欺騙便是因為在乎，甚至是太在乎了。

愛，能夠承載多少

如果你總是用你的主觀意識，去要求你的另一半，忽略了某些細節，那你們的婚姻就會亮起紅燈。愛是一種責任，一種包容，但這種包容的底限在哪裡？一份愛究竟需要承載多少，你知道嗎？

婚姻中的愛有多少？

夫妻相處出現矛盾和問題是再正常不過，也是不可避免的事情，一個家庭不可能永遠波瀾不起，如果發生了矛盾，夫妻雙方是如何處理的呢？是一個人包容另一個人，還是互相溝通，彼此妥協？恐怕除此之外，愛還需要承載更多的東西。

婉玲和建志相戀七年，結婚四年，卻在前不久無預警離婚了。而最驚人的是，婉玲對建志想離婚並早已著手準備的事完全不知情，這場婚姻在她還不知道對手是誰的時候，她就已經陷入了敗局，最可恨的是，他們還有個三歲的孩子。平日裡，朋友們是多麼的羨慕她，有一個體貼的老公和可愛的女兒，可結果卻是這樣令人難以相信。

兩人的離婚走上法院，孩子判給了男方，讓三年來一直照顧孩子的婉玲哭得一塌糊

塗。其中最為無辜的是只有三歲的孩子，今後的生活又不知會過得怎樣，因為在這之前，建志從來沒有照顧過孩子，但現實就是如此的殘酷。對於婉玲來說，為了這個家，為了孩子，她是多麼想留住丈夫的心，但一切都已經來不及了。是的，這一切早已安排好，而她不能相信這就是當時她深愛的男人，這就是她可愛女兒的父親，這就是他們經營十一年的愛情！可那又如何？這畢竟是事實，她不得不相信這一切，一個為愛不知承載多少傷痛的女人。

對於相戀的人來說，一旦牽手就代表對彼此的肯定，對於婚姻中的人來說，牽手就代表著踏實，你的身邊永遠有我，我的身邊永遠有你。但事實往往不盡如人意，之前的愛人，很可能會變成現在的仇人。

其實，婚姻出現了問題是很常見的，不必緊張，要學會冷靜地應付。首先應該找出造成問題的原因，而後再去尋求解決的辦法。最好的辦法就是雙方要善於溝通，在溝通的同時還應注意適當的時機，尤其是矛盾發生的當時。生活中正是由於有些問題不能很好地解決，使得家庭支離破碎，把當時深愛的感覺忘得一乾二淨。

在婚姻的世界裡，每個人都希望能夠天長地久，為了愛，繁衍下一代；為了愛，精心呵護兩家人的關係；為了愛，彼此努力地互相瞭解與配合。兩個人要在一起不容易，需

在愛情中漫步

要付出太多的努力，所以不要輕易地抹殺一段感情，不要讓愛承載太多的傷痛。

找出婚姻的問題，減少負荷

夫妻之間出現矛盾，首要關鍵是如何去解決，有的家庭可以透過溝通，很好地把問題處理掉，不過在矛盾發生時，不要急於向對方解釋，因為在雙方情緒不穩定的時候，不可能解決事情，這時溝通無異於吵架。所以，溝通應該是在雙方比較冷靜的時候進行，心平氣和地進行交談，要知道你們曾是那麼相愛，為了一點小事而彼此傷害是多麼地不值得。

在找矛盾的突破口時，應該用商量的口吻進行溝通，避免頤指氣使，在夫妻之間，占上風的一方習慣以命令的口吻說話，去指揮對方做這個做那個。即使對方一時能忍受下來，必不能長久，一旦對方反抗，多半是陷入不斷爭執的局面，夫妻之間，應該是互敬互愛，切忌用命令的口吻說話。

說話多點幽默，也會讓矛盾消解於無形之中。古希臘有一位哲人終日在外與人辯論，他的妻子很生氣他不做家務，當眾潑他一盆冷水。但他卻坦然地說：「我妻兇悍如此，我尚且不怕，我還會怕我的辯論對手嗎？」眾人一笑，一場家庭大戰在幽默之中消弭了。所以我們應該學會幽默，想辦法令家庭紛爭大事化小，小事化無。

127

而夫妻之間一遇到爭執或不快，若總是想：「分開算了！」那等於在意志上已經投降了，豈不可惜？我們要盡量多點體諒，接納對方的不足，一旦發生困難，就要齊心面對，共同解決，這樣才會使生活減少更多的負荷。

對於矛盾和爭吵，請不要老是把「離婚」兩字掛在嘴邊，因為這種不冷靜的氣話，最終會演變成難以收拾的殘局。然後面對問題就事論事，不要把之前的錯都一一擺出，否則你會越來越生氣，爭吵也會延續下去，也不要指責對方：「你總是……」或「你從來就是……」，不要讓對方傷心的話，挑剔對方的出身、外貌、學歷等一些不易改變的事實，更不應該說粗話或動手，否則會留下身心無法磨滅的傷痕和痛苦。

夫妻相處只要多一些體諒，多一些愛，設身處地地為對方著想，所謂的矛盾也就會迎刃而解，不要只會對外人既寬容又有愛心，我們應該多把一些愛心獻給自己的親人！

太在乎，才會患得患失

在婚姻生活中，夫妻雙方不應僅限於朝夕相處，形影相隨，有時也需要暫時分開的時間和空間，互相尊重，保持適當的距離，避免太過緊迫盯人、太過在乎造成的患得患失心態，會壓得對方喘不過氣來。

給情感留點空間

夫妻長年生活在一起，難免在一些日常雜事上發生爭執，如果不善於處理，就會傷害夫妻感情，給家庭生活蒙上陰影。

許多已婚夫婦都有這類經驗，朝夕相處時習以為常，一旦分離就日思夜想，所謂「分離時最親近」，即是這種心理的寫照。這種心理的產生，是因為時空距離帶來的感受差別，為夫妻感情注入了新的活力，有句老話叫：「小別勝新婚」，講的就是夫妻間保持一定時空距離的美妙之處。

另一種是心理距離，就是在夫妻之間，留出一點「情感空間」，允許對方在心靈的深處，有一片屬於自己的領地。在眾多有關家庭生活的雜誌或者談婚姻、戀愛之類的文章

裡，人們常可讀到這樣的話：「夫妻雙方應以誠相待，無話不談」、「夫妻之間不應有什麼秘密」等等，這些說教雖然娓娓動聽，但付諸實踐往往碰壁。

當然，這裡說的「秘密」不一定是什麼見不得人的醜事，更多的是一種隱蔽的想法或潛意識的東西。

比如丈夫在街上看到一位美女，覺得她很漂亮，很有魅力，他有必要告訴自己的妻子嗎？再如妻子在婚前交過幾個男朋友，都發展到什麼程度，這類「敏感」的事，似乎也沒必要對丈夫公開。

現實生活中，有很多夫妻因為類似的事大吵大鬧，久而久之，本來關係很密切的夫妻就會逐漸分離開來，感情也會慢慢被沖淡。而究其原因就是因為太在乎，沒有留一點情感空間，使得原來親密的夫妻變得視若仇人。

用交流拉近彼此的心靈

阿龍非常喜歡看球賽，幾乎是每場都看，並全程關注；而他的妻子小陶則喜歡靜悄悄地坐在他旁邊打毛衣，聽他大叫大嚷，她嘲笑阿龍的這種興趣是小孩子的把戲。

後來他們發現，如果要使兩人的關係得到進一步發展，小陶必須理解阿龍的這種興趣，而阿龍則應幫助小陶加深理解。於是，在吃過晚飯之後，為了能同時觀看球賽，

儘管阿龍十分討厭收拾碗筷，他還是走過來幫妻子收拾，然後兩人坐下來邊看邊討論球賽。而透過這種小小的改變，他們解決了矛盾，分享了歡樂，有時候還為他們驅散了遮在他們婚姻上空的一片烏雲。

對於相愛的兩個人來說，感情的交流能夠拉近彼此的心靈，在溝通中建立相互的信任和理解，找到情感的共鳴。

和愛人相處，首先要懂得求大同，存小異，為了讓夫妻的感情交流暢通無阻，更富有意義，雙方應該在生活的各個領域內，力求縮短彼此之間的心理距離。例如在教育子女的問題上，妻子主張「愛」為主，丈夫主張「嚴」為主，這樣雙方就會產生矛盾。

然而，在「必須對子女進行教育而不是放任自流」這個大是大非問題上，雙方應取得一致意見，然後妻子和丈夫可以按照自己的模式，適當靈活地對子女進行管教。這樣不但有利於子女的健康成長，也有助於夫妻之間的關係能夠得到協調發展。

同時，兩人還要一起培養共同的興趣和愛好，這可以增進夫妻間感情的廣度和深度，增加感情交流的頻率和速度，尤其是尋找某些彼此能夠分享的事情，可以使兩人生活充滿樂趣。

言行一致

現實生活中,我們對誠實的人所做的事總是放心且確信不疑;相反地,一個虛偽的人,人們就不會輕易地相信他(她)的話和他(她)所做的事。在和另一半相處的過程中,情況也一樣,一個經常在妻子面前隱瞞的丈夫,總有一天會被妻子發現真相,從此對他抱有戒心和不信任感,而一個經常在丈夫面前「說謊」的妻子,也一定會讓丈夫永遠用懷疑的目光審視她。

有一天宗哲回家遲了,由於他知道妻子阿芳不喜歡他喝酒,因此支支吾吾地,不肯說出和同事一道去喝酒的實情,阿芳很不高興,並由此心生懷疑,第二天當阿芳從丈夫的同事口中聽到這個情況後,自然產生對丈夫的不信任感。而宗哲實際上是心有所愧,如果他誠實地告之實情,妻子會原諒他,那麼也就不會產生不信任感。

只有做到言行一致,誠意地給予和付出,才能建立起夫妻間的信任,而「信任」並不是光靠嘴巴講講就可以了,在很多情況下,夫妻常常會用不同的行動來破壞口頭上的承諾。例如,丈夫出差前,答應給妻子買一件羊毛衫,但丈夫回來後,既沒買羊毛衫,又沒給妻子作任何解釋,妻子自然不高興,甚至懷疑丈夫是否真的愛自己,於是造成夫妻間的隔閡。

其實，只要彼此以誠相待，就能澈底解除另一半對你的防衛系統和戒備心理，讓兩人之間的關係變得更具吸引力。

夫妻雙方常常因為太在乎，只要有一點言行不一的情況，就容易互相猜疑，時間久了自然會有患得患失的感覺。因此，要懂得用互相交流來建立彼此的信任，在不斷的溝通中拉近雙方的心靈，從而讓愛情更加堅固持久，讓另一半成為自己永遠的依靠。

「冷」，也是一種傷害

曾經美滿的婚姻為何矛盾不斷？夫妻雙方的需求為何總是得不到滿足呢？

家庭冷戰，其實不是一個人的錯

婚姻就像一條河，有平靜，有波濤，也有暗流，夫妻間的「冷暴力」就像是婚姻河裡的一條暗流，常使家庭這條船觸礁。

「冷暴力」作為一種隱性的暴力形式，帶給夫妻雙方的傷害往往比顯性暴力更大，肉體上的創傷可以治療，心靈上的創傷卻難以癒合，嚴重時甚至還會造成精神疾病。

建至和婉怡之間沒有第三者，可建至就是不願意和婉怡說話，那時她還不知道這是家庭冷暴力，而她也不喜歡「暴力」這個詞語，聽上去有點太誇張了。

兒子平日住學校宿舍，按理說他們應該有充分的空間和時間重溫兩人世界，可他卻對她越來越冷漠。剛開始婉怡幾乎想盡了所有辦法，對丈夫陪笑臉，說好聽的話哄著他，可他仍舊是一張冷臉，最多不鹹不淡地應付幾句。

見軟的不行，婉怡就來硬的，故意找機會藉著小事和建至吵，甚至故意說很重的話想

激怒他，不過建至仍然一句話也不說，倒頭就睡。

同處一間空蕩蕩的房子，這個男人吃著她燒的飯菜，穿著她洗的衣服，睡在她的身邊，卻不和她說話，她真的拿他一點辦法都沒有。她甚至跟他說他們去看看心理醫生吧，再這樣下去，至少有個人要變成神經病！

一次半夜裡，婉怡又為這事和丈夫鬧，見他仍然無動於衷，想想日子過得真沒意思，她就衝到陽台上，想跳下去算了。她聽見兒子勸他爸爸，可他卻對兒子說：「我瞭解你媽媽的脾氣，她就是鬧的時候比誰都凶，但實際上比誰都膽小，她根本不可能真的跳。」

兒子氣急了，扔下一句話：「你們乾脆離婚吧！」

婉怡心灰意冷以為日子真要這麼「冷」下去，誰知建至突然病倒，住進醫院接受治療。有人說在生病的時候最脆弱，或是患難見真情也罷，這段期間他們反而又開始像最初那樣，一點一點地靠近彼此。

後來建至的病好了，他們的家庭生活也恢復了常態，像所有平凡的夫妻那樣，有說、有笑、有商量，當然也有吵鬧，這對婉怡來說，已經很不錯了。她真的沒有想到，丈夫的一場大病，讓他又回到自己身邊，她忽然明白，所謂家庭冷戰，其實不是一個人的錯。

有人愛用「夫妻本是同命鳥，病苦來時相扶持」來形容「家」的重要，所以夫妻雙方應該和睦相處，預防夫妻「冷暴力」，需要夫妻雙方在婚姻生活中相互讓步，共同努力。

融化夫妻「冷暴力」

婚姻是一張畫紙，掌握這張畫紙的就是夫妻兩人，是在上面畫龍點睛，還是塗成鬼畫符，就全看兩個人對待感情的態度。

如果夫妻雙方共同努力，心往一處想，勁往一處使，水往一處流，那就會有相同的構思，有精緻的筆墨，有和諧的色彩，一起規劃美好的未來，那麼婚姻這張圖就會越來越精緻，越來越美麗。

當夫妻倆唇槍舌劍吵得不可開交時，如果有人能先道歉，說上幾句幽默調皮話，往往會使爭吵戛然而止。幽默是夫妻矛盾的緩衝劑，雖然不能解決矛盾，但可以化干戈為玉帛，是緩解衝突的微妙之方。

有一對小夫妻為一點小事爭吵，各自認為對方無理，互不相讓，以致互不理睬。三天過去了，他們仍互不說話，誰都不想先開口，他們覺得先開口就等於承認自己的軟弱，而且對方可能得寸進尺，但夫妻本來就無利害衝突，心裡都希望和好。

這時候，如果有朋友來勸解一下，那兩人和好就容易一些，遺憾的是，別人不知道他們在互相生氣，而他們也不想讓別人知道，畢竟家醜不可外揚嘛！

這時，妻子突然心生一計，她拉開衣櫥，翻了一陣又關上，又往書桌抽屜東翻西找，

最後滿屋子都找遍了，也沒見她找到什麼東西，丈夫納悶就問她，妻子佯裝生氣：「找你的聲音！」丈夫忍不住笑了起來，於是兩人就和好如初了。

認識彼此的不同

一些奇怪的見聞，讓你迫不及待地想要和他分享一下，可他卻不冷不熱，不怎麼專心地聽著，你會覺得他一點也不關心你，在乎你。他喜歡看球賽，聽新聞，可你卻喜歡看偶像劇，他一味地看球賽，把你丟在一邊，總是讓你覺得他根本就沒把你放在心上。你買了一件新衣服，想在他面前展示一下，誰知道他看都不看一眼，毫無誠意地說：「漂亮！」這讓你覺得他一點也不懂你的心。

你向東想，他向西想

很多時候，兩個人總是有著截然不同的情感需求，但非常悲哀的是，很多人卻常常無視這樣一個事實。因此，誰也不清楚，怎樣恰當地給予對方自己的愛。

也就是說，他給予你的愛，只是他所需要的；而你給予他的愛，則是你所需要的。你們錯誤地以為，對方的需求和渴望，與自己心裡想的完全一致，由此導致的直接後果就是雙方皆無滿足感，而彼此心生怨恨。

當你感到萬分痛苦和沮喪的時候，其實你只需要一個寬厚的肩膀，一個懂你的人耐心

地傾聽你的心聲，可是他卻在聽你訴苦的時候，分心做其他的事，更重要的是缺少必要的體諒和關心，這讓你根本就感覺不到他的愛。

當你拖著疲憊的身軀走進家門的時候，你只想一個人躺在床上好好地休息一會兒，但最愛的他偏不同意你就這樣抱著床與周公約會，說什麼也要拉著你一起去逛夜市，你一點也不想去，結果兩人就這樣搞得不愉快。

吃過飯，兩人都坐在電視機前看電視，他習慣性地調到他愛看的球賽頻道上，你卻被韓劇感動得稀里嘩啦，你不明白的是：就那麼一個足球踢來踢去，有什麼可看的；而他想的是：就那麼一個偶像劇看來看去，就那麼一點劇情，有什麼可感動的。於是，你們的意見又不一致。

你有沒有從上面的例子當中找到你的影子？沒錯，這些瑣碎的小事情幾乎每天都會發生在每一個家庭裡面，因此你和他之間的不同想法，馬上就凸顯出來。你不能確切地說，誰對誰錯，誰是誰非。因為站的角度不同，得出的答案當然也不會一樣。

所以，他一直在向西想，你卻一直在向東想，你們兩個人的想法怎麼都想不到一塊，你非常鬱悶，你們最初的默契都跑到哪裡去了？為什麼現在會到了大家非要弄得你死我活，互不相讓的地步呢？你是無論如何也想不明白。

舉個比較簡單的例子來說，你深愛著他，就可能事無巨細，處處為對方著想，詢問他

的大事小事和點滴感受，你以為這樣就是盡到了責任。然而，過分地操心，只會讓深愛的人心煩意亂。

他覺得被你時刻控制，太有窒息感，由此格外渴望獨處。這讓你困惑不已，假使得到這樣的愛，你感激還來不及呢，但他卻偏不領情，每當你盡可能地多關心他，對方卻視而不見，你的煩惱可想而知！

一旦你和她或者他的想法不同，你就會深刻地感受到：你一再地給予，卻從未得到任何的回報。愛，總是「付諸東流」，既不被重視，也不被接受，讓你們都難以忍受。事實上，你們錯在付出了愛，卻不是對方渴望的形式。

探求彼此不同的情感需求

你給予他的，或者說是他給予你的，都只是各自所渴望的愛，對對方意義不大。於是，你們的感情逐漸冷卻，愛情之火慢慢熄滅。

關心和理解，是他基本的愛情需求，他想當然地給予你過多的關心和理解，卻讓你產生錯覺，認為他對你缺少信任，你需要他的信任，對方的關心反而還在其次。

所以，對於他的關心，你總是不以為然，也沒有感激，而他不瞭解真相，終日惶惑不安。同樣，你給予他的愛，只是你中意的形式，他不領情，也在情理之中。於是，你們

在愛情中漫步

都陷入愛情的「奇怪迴圈」——辛苦了半天，卻沒有滿足對方的需要，不能不讓人感到遺憾和惋惜。

許瑩和鄒鵬結婚七年了，卻不約而同地想要離婚。離婚原因很簡單，就是他們都沒有感受到對方的愛。而讓人哭笑不得的是，他們都抱怨自己付出的愛，遠遠超過得到的。

許瑩抱怨說：「我不可能一味地給予，卻永遠不見回報，我給了鄒鵬那麼多，他無知無覺，像沒看見一樣。我愛他，可他卻不愛我！」

鄒鵬顯然有自己的苦衷：「不管我做什麼，都很難得到她的歡心！我不知道還能怎麼做，我束手無策！我已經盡力而為了，可她仍不愛我。我愛她，而她不接受我的方式。」

許瑩宣稱，她給丈夫的愛，多得數不清，而鄒鵬卻說，他為妻子付出了一切！實際上，為了愛情和家庭，夫妻兩人都做出了犧牲，但是他們給予愛的方式，卻不是對方所需要的。

許瑩和鄒鵬的確是彼此相愛，也都很想滿足對方的願望，但由於並不理解對方的愛情需求，所以愛情從未真正開花結果。許瑩給鄒鵬的愛，是她心目中愛的類型；而鄒鵬給許瑩的愛，則是他渴望的方式。因為不理解，最後兩個人筋疲力盡，卻一無所獲。

學會瞭解彼此不同的情感需求，是改善情感關係最重要的一環，既然他（她）和你是不同的兩個個體，那麼也就意味著他（她）的基本情感需求和你有所區別，並不一致。

141

你一再地付出，卻常常忘記，他（她）需要的愛與你不同。就這樣，婚姻關係越來越僵，許多人都容易選擇放棄。事實上，只有理解並滿足對方基本的愛情需求，感情才能深厚持久。換句話說，重要的不在於給得更多，而是選擇恰當的方式，只有這樣，愛情的火焰才能光芒四射！

尋回失落的美好

短暫的愛戀如初春枝頭的露珠，最經不起時間的洗滌。人是矛盾的，總認為得不到的才是最好的，然而終於在一起了，卻發現當初的那種愛戀早已消失殆盡，取而代之的是瑣碎事中的平淡生活，對方的缺點也漸漸暴露了出來。

有多少愛可以重來

兩年前，珮芳有幸福的家庭，不錯的工作，丈夫對自己百依百順，兒子聰明伶俐，但是日子久了，她開始覺得生活過於平淡，好像少了點刺激。於是，珮芳開始在網路上尋找失去的新鮮感，最後她認識了在感情上遭到重挫的阿飛。起初她像大姊姊一樣安慰他，阿飛也只是把她當作傾訴的對象，可是僅僅三個月，他們就相愛了。

珮芳告訴阿飛：「我有忠厚老實的丈夫和一個可愛的兒子，那是一個美滿的家庭。我和老公是戀愛結婚的，感情很深，我不可能離開他們和你在一起。況且，我比你大八歲，我們也不相配。」阿飛則對她說：「只要每天能在網路中擁有妳的愛，我就滿足了。」但隨著時間的流逝，感情也在升溫，他們彼此都不再滿足於單純的聊天，漸漸想要

見到現實中的彼此，當他們相見時，什麼理智、道德、家庭、兒子統統都拋到腦後了。

就這樣，她執意提出離婚，並辭去工作，最後如願和阿飛在一起。可是經過一段時間的相處後，珮芳猛然發現，原來現實中的他們並不合適，她已經習慣前夫對自己的體貼，再加上想念兒子，矛盾一天天激化。於是，她開始後悔了，原以為找到了自己想要的生活，沒想到卻讓自己陷入了如此的境地，而她曾愛得死去活來的阿飛如今就像變了一個人，吼叫著讓她以後別再來煩他了。

她曾想過要挽回之前被她拋棄的家庭，但兒子或許會原諒她，可是前夫呢？她再也找不回那個曾經美滿的過去了。

愛情是一場盛宴，彼此享受著幸福與纏綿的愛戀，而婚姻最終就是愛情的一種歸宿。

對於那些婚外的感情，在快樂與痛苦中品嘗複雜的滋味也許新鮮，但最終你會發現，只有失去的與得不到的才是最珍貴的。

從戀愛到結婚的過程是美好的，但婚後日復一日的柴米油鹽醬醋茶，又使很多人不願意面對如此平淡的生活，萌發了衝出婚姻圍牆的欲望，就像時人所說的：「城裡的人想逃出來，城外的人想衝進去」。逃離婚姻的念頭，一是來自對城內的不滿，二是來自城外的誘惑，然而城裡的人逃離之後，卻沒有誰能長久地游離於婚姻之外，外遇的結果到最後還不是另一段婚姻關係。倘若我們有足夠的耐心與體貼去善待第二段婚姻，那何不把

這份熱情投入目前的生活中呢？

新鮮刺激的生活往往好景不長，在受到傷害之後才發現，自己的選擇是一個錯誤，對方遠遠不及當初的好，而你卻已傷害了對自己最好的那個人，這時才真正理解「相愛總是簡單，相處卻是太難」！而後當你想方設法地想尋找自己遺失的美好時，一切都已經太晚了。

珍惜現在的生活

有一位妻子說，她丈夫特別喜歡玩摔跤，但這純粹是一種嗜好，並沒有想傷害她的意思，儘管他每次都很小心，可她的胳膊或身上卻總出現一些青紫的傷痕，對於他的粗暴，妻子每次都不放在心上。有一次，丈夫和她一起上街時，她在書店逗留了一小會兒，而她的丈夫則帶著一包採買好的東西一直在車站等她，當她匆匆趕到時，他說：

「難怪妳不急著出來，反正拿東西的也不是妳。」

「對不起啦，來，我幫你拿點。」她語帶歉意地說。他則開玩笑地把一袋糖果扔了過來，正好打在她的胃部，疼得她幾乎喘不過氣來。回家的路上他們都沉默不語，快到家時，他輕聲說：「我不是氣妳讓我等太久才不說話，我是氣自己又一次傷害了妳。」他試圖努力改變自己的行為，因為他認識到妻子需要的是溫柔體貼的對待。

在感情的世界裡,夫妻雙方需要互相體諒、互相包容,同時在平淡的生活中,應該互相珍惜彼此,不要等到失去時才知道,曾經擁有的原來是那麼幸福與美好。

幸福的家庭需要夫妻雙方共同經營,妻子需要丈夫的保護,這不僅僅是為妻子提供生活的安全感,也要能解決她所面對的各種壓力,使她生活得更美好。作為妻子則是家庭幸福的主要參與者,好的妻子可以使夫妻之間的感情升溫,適當地給丈夫留一點個人空間,接受丈夫的某些習慣,給丈夫足夠的面子,如此,何愁婚姻不幸福美滿?

不要隨便放棄這份屬於自己的幸福,也不要等到失去的時候才後悔,因為有些美好是永遠找不回來的!不妨從這一刻開始,在珍惜現在生活的同時,也拾起過去那些曾被遺落的美好,這才是長保幸福快樂的秘訣。

愛，就是彼此珍惜

人，註定逃離不開人。

不管是愛錢、愛權、愛狗、愛自然、愛舞蹈、愛書、愛吃……你喜愛的可以很多，但回到現實的生活上，你最終還是要和人交往。

於是「人」就有了遠近之分，對著外人，我們往往會帶上一具和善、親切、笑口常開的假面具，因為他們只是過客，是生活中的一小塊碎片，所以我們可以輕鬆面對，但是對著身邊的人，我們卻又完全不同。

因為信任，所以我們對他們大拋情緒垃圾；因為熟稔，所以我們往往忘記尊重；因為親近，使得我們忽略了時間與距離的殘忍。親人、朋友、愛人，總是在我們不知不覺中因此受到了傷害，他們不會說出口，就像他們不會說出對你的愛一樣，但那些傷，是真實的存在。

愛，請不要傷害他們。

別忘了「尊重」

尊重是什麼？尊重就是尊重人的尊嚴，尊重人的基本權力和責任。作為一個現代人，不懂得自重或尊重他人，就會給自己和他人的心靈造成創傷，嚴重的還可能無法挽回而遺恨終生。如果對親人忽視了尊重，耐心也消失無蹤，隨之而來的便可能是對親人的傷害。

沒有尊重，哪來耐心？

親朋好友之間親密無間，互相尊重本應是理所當然的事，然而，互相貶低的事卻經常發生。不少人認為，親友之間「低頭不見抬頭見」，都是自己人，不用講什麼尊重，這實在是極為錯誤的心態。

「學會尊重他人」，包括家人、朋友、同事、熟悉的人……這是一個簡單淺顯的道理，但是一個看似簡單的道理，也需要我們專心去好好感受。正因為我們經常會覺得有些道理非常簡單，反而往往會忽視它，不去專心感受它，所以才會傷害到別人，甚至傷害到自己。

在家裡，我們習慣了對家人大呼小叫，沒有一點耐心，一些小事不順心就沒有好語氣、好臉色，把家中的好氣圍弄得一團糟。甚至，依仗是親人，我們在他們面前表現著我們偶爾的任性和驕橫；依仗是親人，我們心情不好時會不思量自己的語言，「有話直說」，卻忽略了親人的感受。

正是在這看似平常的小事中，親情或被淡化或被摧殘，嚴重時還可能反目成仇。試想，如果對親人沒有尊重，耐心從何而來呢？

還有一種人，由於自己的生活很富足，所以對待親人出手很大方，但總擺出一副「救世主」的架勢，隨意地侮辱親人。當別人指責他時，他還振振有詞：「我幫了你那麼多，你有什麼資格指責我？」這種人雖說不是壞人，但他這樣做人做事，不可避免地成了「損人而不利己」之人。是的，你確實幫助了身邊的親人，可你並未因此而獲得侮辱親人的權利！

華人社會講求父慈子孝、兄寬弟忍、夫妻和睦，如果連互相尊重都做不到，還叫什麼親人呢？還有什麼意義呢？只有當你以一種平等的眼光看待親人，把自己和對方擺在同等的位置上，不輕視、不壓迫、不傷害、不利用親人時，才能說你給了對方基本的尊重。

對親人有了尊重，耐心自然就會隨之而來。

愛他，就請尊重他

在別人眼裡，子廷是個不折不扣的成功人士，剛剛步入中年，資產千萬，生意一帆風順，家庭和睦美滿，親朋好友都能受其照顧，在這個大家庭中，他算得上是核心人物，可他卻說自己很煩惱。

「是不是生意出現什麼問題了？」朋友問。

「不是，我只是感覺得不到身邊人的尊重。」他無奈地說。

「怎麼會呢？大家都認為你是個好人，怎麼會不尊重你呢？更何況，你對親戚朋友們的幫助又那麼大。」朋友笑著回答。

「我確實盡全力幫助了身邊所有的人，可是，身邊的人卻從沒想過我需要的是什麼，他們只是在困難時才想起我，事情解決後，就很少與我聯絡，甚至平時連電話都不打，我覺得我在他們眼裡只是一個工具。」

「你很忙，肯定是大家都不好意思去打擾你。」朋友安慰。

「我覺得最親的人也不在乎我，就比如說今天吧，我好不容易回家吃一頓飯，飯後老婆洗了幾顆蘋果，大家只顧自己吃，沒有一個人問我一句，好像我是空氣一樣。」他忿忿不平地說。

「連我都知道你並不喜歡吃水果啊！對於那麼熟的親人來說，誰會想那麼多！」朋友笑著說。

「可是，」他掏出煙，像往常一樣示意朋友來一支，朋友則一樣擺擺手，表示不抽。

「我知道你平時很少抽煙，但我每次都要問你一下，這是最基本的禮貌和尊重啊！」

「如果我不問你，你會怎麼想？」他點燃一支煙，噴出一口煙霧，悠悠地說。

朋友不好意思地低下了頭。

「互相尊重」，在陌生人之間需要，親人之間更需要！我們應該像對待其他人一樣來尊重自己的親人，像感謝其他人對自己的幫忙一樣，感謝親人的幫助。總之，尊重親人要像尊重朋友一樣。

尊重是多方面的，說話換一種語氣，關心換一種方式，感激適時的表達，都是尊重。

對於親人來說，我們的客氣和尊重實際上是一種敬重和感激之情，為了我們的幸福成長，長輩們含辛茹苦，無微不至地撫養我們，俗語說：「父恩比山高，母恩比海深。」親人長輩的恩情是我們一輩子都報答不完的。可以想想，一個不思報答、隨便糟蹋恩情的人，是不是等於一個「忘恩負義」的人？這種人一定會受到眾人的譴責與心靈的煎熬。

在工作和生活中，對朋友體貼，可以讓朋友喜歡與你交往；對同事和氣，可以增進工作氛圍的融洽；對上司尊重，可以讓上司對你產生好感。其實，家人之間更應該客氣、

尊重，要知道與家人的關係是這世上最珍貴的情感。對家人體貼，可以讓家庭關係更親密；對家人尊重，可以使家庭氛圍更融洽；對家人尊重，可以使生活充滿更多的歡樂。

愛他，就應該尊重他，無論在日常相處上，還是家庭重大決策上，家庭中的每個成員都要有發表意見的空間和機會，家庭成員的地位都是平等的，沒有高低貴賤之分，相互尊重更有利於調節身心，促進健康。

家庭要時刻充滿愛，對老人家要孝敬，對子女要關心和愛護，夫妻間要表現出對彼此的重視和需要。既然這一世有緣成為親人，就要好好珍惜這份親緣，珍惜與親人在一起的時間，相親相愛，互相關心，互相尊重。

人一生中大部分的時間是和親人一起度過的，如果我們經常留一個尺度給親人，說話做事能有一點像和朋友、同事相處時的尊重，那麼每個家庭皆會有很多的歡聲笑語，更能避免許多不必要的爭吵。

感謝你的友情

在我們最需要幫忙的時候，是朋友慷慨地幫助了我們，難道我們的心裡不應該對朋友充滿感激嗎？

在我們最難過的時候，是朋友一直無怨無悔地陪伴在我們身邊，我們的心裡不該有一點感謝嗎？

在我們最快樂的時候，還是朋友在我們身邊，願意和我們共同分享，我們感動過嗎？

只因為我們是朋友

在人生的旅途中，每個人都會遇到各種的困境，在這個時候，朋友會給我們帶來很大的幫助。有時朋友的一句話或一個建議，可以讓我們勝讀十年書，甚至少走很多彎路。

人生如同風雲，變幻莫測，難以預料，每個人都有旦夕禍福的時候，這時如果有朋友的指點或支援，就會讓我們化禍為福；如果有煩惱和憂愁，找朋友訴說就會減輕這些苦惱……。

有句話說得好：「你有一份快樂，那麼和朋友一起分享就是兩份快樂；你有一份痛

苦,那麼和朋友一起面對就是半個痛苦,這就是朋友。」只因為我們是朋友,所以做的這

一切都是值得的;只因為我們是朋友,所以不論發生什麼事,我們從來都不會孤軍奮戰。

一次意外,你做生意錢被人騙了精光,你沮喪無助得不得了,哭天搶地也不能挽回損

失,差點就想走上絕路。是朋友一聲不響地把自己所有的積蓄拿出來給你墊上,雖然這

只是杯水車薪,但你仍然充滿感激,兩眼垂淚。因為你知道,只有真正的朋友才會在最

關鍵的時候挺身而出。

和女友分手了,你心裡非常難過,無處訴說,就到酒吧裡買醉,把身體折騰得不成樣

子,差點就到閻王爺那裡去報到。是朋友無怨無悔地把你從生死邊緣拉回來,忙前忙後

地細心照顧你……。

仔細地想一想,若不是朋友,今天的我們會是什麼樣子呢?是一個在街頭乞討的落魄

乞丐?還是一個為了愛情弄得死去活來的可憐蟲?那朋友為什麼會這樣做呢?原因極簡

單:只因為我們是朋友。

真正的朋友,是快樂時未必能同樂,但患難時一定與共,是與自己志同道合,願意將

心事毫無保留地向對方傾訴的人。

茫茫人海,每天擦肩而過的人無數,不論是什麼力量的牽引,讓我們從陌生到熟悉,

相識到相知,我們都應該心存一份對朋友的感激之情。

感恩生命裡的每一位朋友

朋友是我們每個人人生命當中最溫暖的春天，因為有朋友，所以我們從來都沒有感到過孤獨，學會感謝身邊的每一位朋友，是他們讓我們懂得生活的不易，是他們讓我們懂得生命的精彩。

曾經有兩個人在沙漠中行走，他是非常要好的朋友，在途中不知道什麼原因，他們大吵了一架，其中一個人打了另一個人一巴掌，被打的人非常傷心，於是，他就在沙裡寫道：「今天我朋友打了我一巴掌。」

寫完之後，他們繼續行走，來到一塊沼澤地裡，被打的人不小心踩到沼澤裡面，另外一個人拚了命地去救他，最後那個人得救了。他非常高興，於是，他拿了一塊石頭，在上面刻道：「今天我朋友救了我一命。」

朋友一頭霧水，十分奇怪地問：「為什麼我打了你一巴掌，你把它寫在沙裡，而我救了你一命，你卻把它刻在石頭上呢？」

那個人笑了笑，回答道：「當別人對我有誤會，或者有什麼對我不好的事，就應該把它記在最容易遺忘，最容易消失的地方，由風負責把它抹掉；而當朋友對我有恩，或者

對我很好的時候，就應該把它記在最不容易消失的地方，儘管風吹雨打也忘不了。」

朋友，真的是我們一生當中最珍貴的財富，缺少朋友，我們可能會寸步難行。

當我們孤獨的時候，是朋友給予溫暖心靈的力量；當我們傷心難過之時，是朋友給予安慰、信心。

因此，請學會感謝，感謝朋友像陽光一樣給予我們燦爛的光輝；感謝朋友像大地一樣賦予我們博大的胸懷；感謝朋友像鮮花一樣帶給我們芬芳；感謝朋友像雨露一樣滋潤我們的心田，我們要學會感謝生命裡的每一位朋友。

大智若愚

你是否知道，「糊塗」有時候也是一種大智慧？你和別人在一起時能懂得變通，為什麼和親人在一起時卻不能變通呢？

小事糊塗大事明

糊塗，不是自我欺騙或自我麻醉，而是有意糊塗，容可容之事；明，是在原則性的問題上絕不姑息養奸，這就是大智若愚，也是人生的最高修養。很多人都明白這個道理，卻與自己的親人做不到這種有意的糊塗。

人生路上的交叉口數不勝數，但是卻有著大小輕重之分，對一些小事，不斤斤計較，該糊塗時要糊塗，不要總是顧忌自己的面子、學識和地位。當然，該聰明時則要聰明，由聰明轉為糊塗則必不為煩惱所困，不為小事所累，這樣才會幸福快樂，才會有成功的人生。如果你對別人可以做到如此，為什麼不能與親人也這樣呢？

學會忍讓、謙讓，小事糊塗大事明，才能進入善緣多多、諸事吉祥的人生仙境。生活中只要你用心發現，用心去感受，你就會明白其中的真理，當然「小事糊塗」絕非讓人

事事糊塗，處處糊塗，若在大是大非面前不分青紅皂白，不講原則性，那就真的成糊塗蟲了。

像是丈夫刻意隱瞞行蹤，最後卻被妻子發現時，他會說：「因為怕妳操心，所以不敢告訴妳。」當丈夫不小心撒了謊，最後卻被拆穿時，他會辯解：「妳平日疑心病那麼重，為了不想和妳發生不必要的爭執，所以我才會那麼說。」當丈夫編織了一個藉口，最後卻被識破時，他會說：「其實那都是無關緊要的事，何必解釋那麼清楚，還浪費妳的時間。」

其實，耳聰目明的妻子大可不必刻意去揭穿他，更不用和他拚命，就算妻子洞悉一切，仍然可以傻傻地笑著說：「我只是擔心你。」言下之意就是：「我知道，但我不打算計較。」

特別是有別人在場的時候，妳給他留足了面子，他一定會心存感激，感激妳的寬容，不要總想著要把所有的事探究個一清二楚，就算天生有一雙火眼金睛，世事洞明，到頭來傷的不僅僅是眼睛，還會連累家庭。

同樣的狀況也會發生在親子之間，當孩子進入青春期後，不少父母總會擔心孩子的行為偏差，所以事事監控，甚至連房間都不能上鎖。其實這樣的作為不但讓孩子感受不到尊重與信任，更像在親子關係上繫上了一層枷鎖，反而阻礙了正常溝通的機會。

親友之間應該學會寬容和諒解，「糊塗」是一種修養，一種胸懷，更何況親友之間又

有多少非要論出是非曲直的大事呢？

別事事要求完美

如果一個人過分講究原則，有稜有角，難免會因此而碰釘子，這時我們常會提醒自

己：「沒有人是十全十美的。」可是你能容忍別人的不完美，為什麼對親人就不能睜一隻

眼閉一隻眼呢？

用睜開的眼睛透視世界的美麗，用閉著的眼睛抹去世間的無奈，能夠做到這一點的

人，可謂是活出了極致。古人云：「水至清則無魚，人至察則無徒。」這其中所蘊含的道

理正是人們為人處世的真理。我們都知道，生活中會遇到各種各樣的事情，而「睜一隻

眼，閉一隻眼」則是一種全新的人生哲學。有句俗話叫「難得糊塗」，的確有它的道理，

只要不讓它突破我們自己的道德底線，凡事睜隻眼閉隻眼，不過於精明，乃是人們周旋

於世的最佳方案。

要做到「睜一隻眼閉一隻眼」就要學會「割捨」，這樣看來「糊塗」不再是愚蠢，而

是一種豁達，是一種「退一步海闊天空」的瀟灑。做人要「難得糊塗」，過分的精打細

算，有時仍抵不過天算，尤其是那些可以與「外人」豁達，能做到「糊塗」，而與「親

人」卻總是斤斤計較的人。人們常說，能夠做到「糊塗」是不容易的，這不僅需要有一定的修養，還需要有一定的雅量。

「睜一隻眼，閉一隻眼」的人生處世哲學是前人經歷並總結出來的真理，居里先生去世後，有人散布一些有關居里夫人的謠言，一開始居里夫人痛不欲生，後來她鎮靜下來裝作「糊塗」，不予反擊，以埋頭科學研究來粉碎妒才小人的詭計。第二次諾貝爾獎的獲得，使得居里夫人再一次馳名全球，這時那些誹謗她的人也感到十分慚愧，甚至有的還請求居里夫人的寬恕。

一個人的精力是有限的，如果一味在個人待遇、名譽和地位上兜圈子，或把精力白白地花費在勾心鬥角與玩弄權術上，就會不利於我們的學習和工作。世上有所建樹者，大凡都有股糊塗勁，古今中外都不乏其例。鄭板橋、曹雪芹是如此；居里夫人、愛因斯坦也是如此，而處在二十一世紀的我們，也應具有這種全新的生活態度。

現在你是否感覺到，自己總是一味地對外人「睜一隻眼，閉一隻眼」，對你的親人、朋友卻總是挑三揀四呢？難道在你挑剔對方的同時，就沒有想過他們是你最親的人嗎？

生活中，如果你對親人所犯下的錯誤少一分挑剔，對朋友與同事少一分指責，他們會因你的「寬容」而心存感激，而更加偏向於你的。生活中，你可能是一個主管，可能是一個教師，也可能只是一個普普通通的人，你總免不了因為別人的不完美而批評，這時

你不能事事指責，而是要學會睜隻眼閉隻眼，這樣首先能顯出你的大度，也能讓對方有一個好的改正錯誤的良機，真正達到幫助別人的目的。

小心你說出口的話

一般人而言，似乎都可以做到，但他們往往對自己的親人卻做不到這一點。

溫和與讚美的話能夠營造出友善的氣氛，讓對方知道你並非是在攻擊他，這對於一

委婉的妙用

委婉是說話時的一種修辭方法，即講話時不直述其本意，而是用委婉的方法加以烘托

或暗示，讓他人通過自己的思維得出結果，從中揣摩出深刻的道理。因為大家都不喜歡

聽到別人對自己說：「你要做這個、你要做那個！」或是「不要做這個、不要做那個！」

如果換作：「你是否可以考慮這樣？」或「你認為，這樣做可以嗎？」或「也許這樣

做，會比較好一點。」之類的語氣，事情也就相對容易溝通。但在與親人相處時，你是否

常用這種委婉的語氣？

用委婉的語氣代替肯定及命令的語氣，其實也就是告訴人——不要太直接。含蓄委婉

地指出他人的過錯，必能激發起他人的羞愧之心並使之心存感激，從而使其在以後的生

活中積極努力糾正自己的過失。

但同樣的錯誤發生在親人身上，你「恨鐵不成鋼」的心理就會激發你的情緒，從而使你說話的語氣變得強硬。殊不知，無論是外人還是親人，都需要維持自己的自尊，使他認識到你的用心良苦，然後做得更好。

法國作家拉封丹曾寫過這樣一則寓言：北風和南風比威力，看誰能把行人身上的大衣脫掉。北風吹出來的風寒冷刺骨，結果行人為了抵禦北風的侵襲，把大衣裹得緊緊的。南風則徐徐吹動，輕柔溫暖，頓時風和日麗，行人因之覺得春暖和煦，始而解開鈕扣，繼而脫掉大衣，讓南風獲得了勝利。

同樣是吹風，南風之所以能達到目的，就是因為其順應了人們的內在需要，使人的行為變為自覺。這種方法可以啟發自我反省，滿足自我需要而產生的心理反應，這就是「南風效應」這一社會心理學名詞的出處。

人人都希望自己的親人能如自己的心意，但如果你用命令的語氣對他們講話，不僅不易如願，甚至有可能朝相反的方向發展，所以與親人說話時，要比和外人說話時更注意方法和策略。

批評的技巧

在與親人交流的時候，要注意自己的語氣，不要過於生硬，說話的時候要平心靜氣，

不要焦躁，不要發脾氣，不然會適得其反。

批評人時要巧用技巧，以疑問句的方式而不是肯定句的方式提出，如此才易於轉入實質性問題。即使對方一時還接受不了，也不傷雙方的和氣，更不至於會令對方難堪、丟臉。因此，出於善意友好的批評，不同於尖酸的諷刺和嘲弄，這些都是由批評者的出發點及態度所決定的。批評時，以疑問句開始，注意語言，形象生動，深入淺出，這都是批評者應該留心的。

一般來說，在對他人展開批評時，受批評者的心理常會處於緊張和壓抑的狀態，特別是在上級批評下級、長輩批評晚輩的時候，這種現象更為突出。他們或表現為焦慮、恐懼，或表現為對立、抗拒，或表現為沮喪、洩氣……這些不正常的心理狀態成為雙方交流思想感情的心理障礙，大大降低了批評的實際效果。

如果能掌握好批評的語言，巧用幽默或委婉的方式，批評者含笑談真理，講道理，被批評者也會在笑聲中微微紅臉，從內心深處認識到自己的錯誤，受到的是觸動而非刺激，會心情愉快地接受建言，豈不兩全其美？

那麼，該如何批評比較恰當呢？

首先要尊重，不要不分場合地批評，每個人都有自尊心，批評盡量不要在大庭廣眾之下，這樣可以減輕對方的心理壓力，為他的「知錯」打好基礎。

再者，要心平氣和，用語恰當，對待犯了錯誤的人，一定要心平氣和，以情感人，以理服人，千萬不要以氣勢壓人，在語言的運用上則要講究技巧，不可過於苛刻、囉嗦、重複，應該有針對性，符合實際，說得有理、精要。

別讓情緒傷害你的親友

任何人都會面臨壓力，壓力來自多方面：有可能是課業上的，也有可能是工作上的，甚至是婚姻、家庭等方面的，但很多人為了宣洩這種壓力，不惜去傷害自己最親的人。

為什麼只敢對親人發脾氣？

生活在這個快節奏的社會裡，每個人無時無刻都在面臨著生存的壓力，久而久之這種壓力就會形成一種可怕的情緒，以至於很多人用暴力的情緒來發洩生活中的種種壓力與不滿，但你是否發現，這些人宣洩的對象往往是與自己最親近的人。

當我們不高興或情緒低落的時候，難免會把這種情緒發洩出來，讓自己好受一點，通常這種情況下承受者就是我們最親的人。因為最親近的人始終在我們背後無條件地支持著我們，但仔細想想，最親的人應該就是自己最在乎的人，那又怎麼捨得對自己的親人發洩暴力的情緒呢？

有人說，之所以對最親、最近的人發洩情緒，完全是出於在乎，因為只有在親人面

166

前，才會毫無保留地展現自己；也有人說，因為發洩完之後，親人不可能報復自己這種不良情緒，所以不會擔心後果。

可見無論是哪種說法，其共同的點都是——知道對方是自己的親人，是永遠會對自己好的人。生活中，尤其是那些青少年，對自己的學習與工作本身就有很大的壓力，再加上一點不順心，他們總會把這種不順心發洩到親人的身上，而在外人面前卻總能將自己的不良情緒抑制得很好。

有些人因為自己的另一半脾氣不好而苦惱著，甚至因此導致他們婚姻破裂；可是也有不少家庭，夫婦一方或雙方脾氣都不好，夫妻關係卻很和諧、美滿，似乎壞脾氣並沒有對他們產生多大影響。這是為什麼？

其實，沒有什麼訣竅，關鍵是他們懂得只有親人才會對自己發脾氣，那才是最真實的彼此，因為發脾氣者總會明白是對方包容了自己，這份恩愛自然會因此而加深。

愛由緣起，亦由緣去，夫妻之間，因愛而彼此傷害的事例在現實中有很多，卻不知道愛情的天敵就是時間和歲月，要想得到真正永恆的愛情，就必須戰勝時間和歲月，這其中需要你的寬容而不是占有，需要的是忍耐而不是一味地要求。

親情、友情與愛情都是神聖的，所以在與親人相處時，不要老是充滿了怨氣和滿腹的牢騷，在說話之前一定要經過大腦，為什麼要這樣說，如果說了會產生什麼樣的結果。

167

要懂得有些東西一旦失去，就再也得不到了。

我們為什麼不能對自己最親近的人好一點呢？沒錯，生活中難免會出現不愉快的事，

但最明智的選擇應該是換一種方式來發洩自己的不良情緒，而不應該讓你的親人去「領

教」它。

而同樣的，當你面對親友的壞脾氣時，請試著不要總以自我為中心，保持冷靜，用客

觀的思維去考慮問題，在感情中學會自我檢討、忍讓、妥協，學會接納他人的脾氣，這

樣才能避免傷害到彼此的感情基礎。

感謝親人，感恩朋友

父母辛苦地把我們撫養成人，但在我們的心裡，卻覺得這是理所當然的……。

兄弟姊妹的關心和愛護，在我們的眼裡，都認為這是他們分內的事情……。

親朋好友的禮讓遷就，我們都當成是許多不值一提的小事之一……。

親人，也需要感恩

我們每一個人都知道應該去感恩身邊的一切，感謝生養我們的父母；感謝可愛的兄弟姊妹的細心照顧；感謝親朋好友陪伴在身邊的日子。這些我們從未忘記，可為什麼我們仍然邁開步伐不顧一切地向前衝，全然不顧身邊的親人朋友？

原來，我們總以為來日方長，總有一天，我們會有能力去感謝這些親人、兄弟姊妹和朋友……。

正是由於我們的漠視，正是由於我們的「來日方長」，讓我們忘記了時間也是一個殘酷而又平等的東西，當我們真正有能力去感謝身邊的這些親人和朋友時，我們會驀然發

現——自己的頓悟和付出是不是太晚了些，或許親人和朋友根本已經不需要我們的這種感謝了。

從小到大，我們吃的飯總是最好的，而父母也總是按照營養的飲食搭配，給我們最好的補充，哪怕他們不吃一口；從小到大，只要我們出門，父母總是千叮嚀萬囑咐，總怕我們在外面受了苦……。

可我們總是理所當然地接受這一切，覺得這是再正常不過的了，還總是嫌父母飯做得不合我們的胃口。當我們出門的時候，總是嫌父母囉嗦得不得了，一句話也聽不進去。

朋友們，你覺得上面的情況熟悉嗎？似曾相識嗎？沒錯，這種情況就發生在我們身邊，也許就發生在我們身上。靜下心來仔細想一想：長這麼大，我們究竟有多少愛是給了父母？究竟有多少愛是給了兄弟姊妹，究竟有多少愛是給了朋友？屈指可數吧！

正是我們的這種理所當然，也正是我們的這種漠視，才使這原本屬於我們的親情越走越遠，難道不是嗎？

愛因斯坦說過：「每天我都要無數次地提醒自己，我的內心和外在的生活，都是建立在其他活著的和死去的人的勞動基礎上。我必須竭盡全力，像我曾經得到的和正在得到的那樣，做出同樣的貢獻。」

要知道，我們只是一個普普通通的人，不可能像偉人那樣對人類有著卓越的貢獻。但

170

愛，就是彼此珍惜

當我們赤裸裸地來到人世，從無知直到長大成人，每時每刻都在享受著大自然、親朋好友和無數陌生人所給予的一切，我們被愛緊緊圍繞著，許許多多人在為我們的成長、我們的生活奉獻著、付出著。我們難道不應該永遠記住所有的人和事，為此承擔一份歉疚，珍惜、知足現有的一切嗎？

感恩是愛和善的基礎，我們雖然不可能變成完人，但常懷著感恩的心，至少可以讓自己活得更加美麗，更加充實。而感恩是需要學習、需要培育的。西方的父母從孩子很小的時候就要求他們寫感恩日記，感恩陽光，感恩自然，感恩一切給予微笑和愛的人。

所以培育感恩的心，並非是一朝一夕的功夫，如果人人都有一顆感恩的心，這世界就會變得更加美麗。

感謝生命中最親的人

曾經看到過這樣一篇報導。

兒子在教室裡考試，母親在外面守候，因為天氣太熱，氣溫過高，不久母親便中暑倒在了地上，被路人送到醫院。

在醫院，這位母親一直沒有甦醒過來，令醫生束手無策，最後還是一名護士想到一個好點子，在她的耳邊輕輕地說：「考試結束了。」話還沒說完，她便坐立起來，大聲地

171

說：「我得趕緊問問我兒子考得怎麼樣！」在這個生死關頭，母親心裡牽掛的仍是正在考試的兒子。

因為關心兒子，而忽略了自己的一切，甚至是生命。這是一種多麼偉大的母愛，難道不值得我們用一生去報答嗎？答案是肯定的，母親的愛，永遠值得我們用一生去報答。

也許我們用一生去報答嗎？答案是肯定的，我們只知道茶來伸手，飯來張口。於是，我們和父母之間缺少了溝通，彼此開始有了無形的隔閡，我們也變得自私自利，忘記了父母曾經的付出。

即使我們已經長大成人了，即使我們變成一個非常優秀的人，如果沒有父母愛的滋潤，我們的人生仍然無法完整。

父母和朋友的愛，需要我們去報答，學會報答父母和朋友所給予的愛，我們將會發現自己也會快樂和幸福。

「我愛你」，多麼簡單的三個字，輕鬆的不用一秒鐘就能說完，卻有許多人都把這句話忽略了，又或者是深埋在心底，心想：我不說，別人也能明白。事實上，愛是需要表達的，我們心裡怎麼想，就要怎麼表達出來。我們平常一定要多向自己的親人說一句：

「我愛你！」並用實際行動來報答別人所給予的愛。

其實行動起來並沒有想像中困難：當父母累的時候，我們端上一杯熱茶；當朋友難過的時候，我們送上幾句貼心的安慰；當和兄弟姊妹鬧瞥扭的時候，我們主動開口認個

愛，就是彼此珍惜

錯，這些都是無聲的感謝，讓我們用最真誠的感恩，使周圍的人都感受到幸福。

感恩是一種溫暖的情感，像一條緩緩流淌的小溪，輕輕吟唱著，在心與心之間傳遞著人世間最純最美的資訊，每一個人最應該感謝的就是自己的父母，因為是父母撫育我們長大成人。學會感恩，我們會感受到幸福的所在。

173

因為愛，所以關心

偶爾由於比較忙，回家晚了一些，父母就會質問我們：「晚上去哪兒了，怎麼這麼晚才回家？」我們總在心裡嘀咕：怎麼什麼都要管！

偶爾嗓子不太舒服，咳嗽兩聲，父母張口就問：「這是怎麼了，要你多穿件衣服，你偏不聽，這下感冒了吧？」我們卻在心裡抱怨：別再囉嗦了行不行？

是親人管得太多了嗎？

我們要是出差在外，父母最關注的就是天氣的變化，只要稍微有那麼一點的風吹草動，就會打電話提醒我們：「天氣有變化，別忘了多穿幾件衣服！」

和一個剛認識的朋友很談得來，才認識兩個月，父母就提醒我們：「小心他是一個騙子！」其實我們心裡挺不服氣：「怎麼能這樣說我朋友？爸媽未免也管得太多了吧！」

才決定減肥兩天，媽媽就指責我們：「吃這麼少，不怕生病啊！你再不吃，下次我什麼也不做了。」

早上想睡得晚一點，媽媽在一邊不停地喊：「快起床了，太陽都曬屁股了，還吃不吃

174

飯了？」你恨不得用被子把兩隻耳朵都堵死，心想：睡晚一點怎麼了？

是啊，生活當中，無論做什麼事，似乎爸爸媽媽總是要插上一兩句，而且無一例外的，在我們的眼裡，他們都在和我們作對。所以，我們做什麼都覺得不順心，煩心不已，感覺沒有一點人身自由，處處被人管。

我們的想法只有一個：趕快逃離這個吵吵鬧鬧的地方。

然而，我們有沒有想過，出門在外，除了父母，還有誰會不厭其煩地提醒我們：天氣變了，要多穿件衣服，恐怕就連自己都很少去關注這些枝微末節吧？

我們交了朋友，談了戀愛，完全被戀愛沖昏了頭腦，認為自己交的朋友都是最優秀的，完全看不到朋友身上的缺點，就算是缺點，我們也會拿來當優點看。除了父母會提醒我們：小心上當，他也許是個騙子！恐怕就連我們自己都沒有想到這一層吧？

我們羨慕那些身材苗條的人，於是想到了減肥，只有媽媽會指責我們，不要因為減肥而弄壞了身體，這是不值得的，但我們早就已經被愛美之心給蒙蔽了吧！

難道這些真的是親人管得太多了嗎？那麼，他們為什麼不去提醒其他人，偏偏只提醒我們？只要我們想一想，就不難明白，其原因再簡單不過了，因為我們是他們最親的人，只有最親的人才會最在乎我們；只有最親的人才會最在乎我們將來會不會幸福；只有最親的人才會最關注我們的身體健康狀況。

親人，永遠都最在乎我們

每一個人在生命誕生的時候，上天就賜予屬於他們的至親，在我們的生活當中，也只有親人對我們的付出是真正不求回報的，而且，最重要的是，他們關注的焦點永遠都是我們。

沒錯，他們最關心、最關注、最在乎的都是我們，只要我們健康，只要我們快樂，他們怎麼樣都行。這就是親人，這就是愛，因為最親，所以最在乎。

因此千萬不要再把父母對我們的嘮叨當成一種負擔；不要再去厭煩父母好心的提醒，或者是善良的斥責，他們的目的就只有一個：為了你好。

二○一一年的三一一日本海嘯，一個令人膽戰心驚的日子，一個讓無數人失去家庭的日子，無數震撼心靈的瞬間在這一天定格。是的，就是大地那麼輕輕的一個顫抖，使無數的人陰陽兩隔，這是多麼殘酷的一件事情。

就在這一天，全日本以至於全世界都受到了不小的震撼。前往日本的留學生於回憶中說道：「雖然當時地震的中心離我們學校的距離很遠，但還是受到了影響。我馬上就想到了自己的父母，很想打個電話給爸媽……。」

不過由於地震過後引起的混亂，要找到電話報平安居然成了一件難事，他心裡想著，

等有機會的時候再說吧。

可是，他沒有想到的是，他的父母在台灣聽到這個消息時，都被嚇傻了，開始想方設法地要聯絡到自己的兒子，當聽到「您所撥打的電話暫時無法接通」的時候，母親甚至以為自己的兒子也不幸遇難，所以就失聲痛哭起來。

當他重新站在父母面前的時候，母親還不敢相信。她一把抱住兒子，泣不成聲地說：「你沒死！這是真的嗎？我不是在做夢吧，兒子！」當他明白是怎麼回事的時候，心裡很難過，也很感動，忽然之間才了解到，最在乎你的永遠是你最親的人。

從我們呱呱墜地到長大成人，毫無疑問是父母花去了他們畢生的心血，與汗水在哺育我們，因此我們對父母的感恩應該是發自內心的。俗話說：「滴水之恩，當湧泉相報。」

更何況父母為我們付出的不僅僅是「一滴水」，而是一整片的汪洋大海。

撫養孩子是一項投資最大，同時也是回報最低的工作，但為什麼每個父母都心甘情願地做這樣的投資和付出呢？因為孩子是他們人生最大的希望，為了這個希望，他們甚至可以獻出自己的一切乃至生命。

那麼，我們有沒有想過，他們為什麼要這麼做？這種高成本低收益的事情，他們為什麼還會心甘情願地去做呢？其實，就是因為我們是他們最親的人，因為最親，所以最在乎，無論為我們付出多少，親人永遠都覺得值得。所以，時刻都不要忘記感謝父母。

我們是否會在父母勞累時遞上一杯熱茶；在他們生日的時候，從百忙之中抽出時間陪他們過生日；在他們失落的時候，奉上一番問候與安慰？

他們往往為我們傾注了所有心血和精力，而我們又何曾記得他們的生日，體會他們的勞累，又是否察覺到那縷縷銀絲，以及那一道道皺紋？

感恩，需要我們用心去體會，去報答。

永遠不該忘記的事

為什麼你會對別人的小恩小惠「感激不盡」，卻對親人一輩子的恩情視而不見？你是否總以事業為重，而忽略了家人的感受？你是否明白「樹欲靜而風不止，子欲養而親不待」這一道理？

忽視對親人的關心

現代人的生活越來越忙碌了，有些人背負著「房奴」、「車奴」、「卡奴」的沉重包袱蹣跚前行，整日奔波，有些人則為了金錢和名利，每天都是匆匆而來，又匆匆地去，親情就這樣被人們遺忘在角落裡。

眾多粗心的人往往因為工作忙碌，忽略了對親人的問候和關心，在我們為生活忙碌奔波的每個白天與黑夜，拖著疲憊的身軀走進家門，與親人交談的欲望被工作的辛苦和煩惱拋至九霄雲外，使夫妻之間、父母與子女之間相處的時間很短，溝通交流日益匱乏，親情交流日益讓位於交際。家庭氣氛沒了，心也麻木了，遲鈍地體察不到親人的感受和需求。

儘管現代生活的節奏越來越快，工作的壓力越來越大，但千萬不要因為忙就忽視親人，就不細心關懷親人了。我們不能遺忘親情與孝道，我們沒有理由不與親人溝通和交流，別說沒有時間，沒有機會，如果不趁著親人健在時善待他們，總有一天，你會後悔為自己的「粗心」買單。

忙不是遺忘的理由

有位父親工作很忙，經常很晚才回家。有一天，他拖著疲憊的身體回到家裡，看到兒子正坐在門檻前等他。

兒子問：「爸爸，我能問你一個問題嗎？」

「當然可以。」父親慈祥地看著孩子。

「請問你每個小時能賺多少錢？」

父親回答：「兩百塊，你問這個幹什麼？」

「那你可以借我一百塊錢嗎？」兒子哀求地說。

「如果你要錢是為了買那些沒有意義的玩具，那麼你馬上回到床上睡覺，然後想想你是多麼自私！」父親憤怒了。

過了一個小時，父親覺得自己剛才的言語有些偏激，也許兒子真的有什麼要買的東

180

西。於是他來到兒子床前，問了一句：「睡了嗎？」

「還沒睡，爸爸。」

「我為剛剛說的話表示道歉，這是你要的一百塊錢！」父親拿出了一百元給兒子。

「太好了！」兒子歡快地起身接過錢，並把他枕頭下已經有些皺了的錢也拿出來。

「你不是有錢嗎？為什麼還要？」父親有些生氣。

「原本有錢，可先前的不夠，但現在我有兩百塊了。爸爸，現在給你，我想買你一個小時，明天早點回來一起吃晚餐好嗎？」

父親聞言潸然淚下⋯⋯。

在生活中，忙碌的人會對自己的家人說：「這一切都是為了家庭！」是的，忙忙碌碌地工作，的確是想讓親人過上好日子，生活優越舒適，但卻忘了一點──精神食糧比物質享受更重要。

忙碌的工作讓很多人忽略了眼前的風景，他們只顧低頭匆匆趕路，當到達目的地的時候才發現，與父母的感情疏遠了，夫妻感情出現問題了，孩子也不願和他溝通了，身邊的好友也不見了，一切的一切都讓人感到茫然⋯⋯。

忙碌，並沒有錯，錯誤的是他們只想著經濟方面，而忽視了親人的內心需要。對於已為人父母的人來說，與其留給孩子千萬家產，不如留給孩子一個樂觀向上，不屈不撓，

健全平和的心態。很多時候，你給孩子太多東西，他們反而忘記了感恩，你辛辛苦苦地為他們忙碌著，教出的孩子卻好吃懶做、缺乏愛心。因此，在追求良好物質生活的同時，一定要照顧到親人的精神需要，因為精神上的缺乏是無法用物質來彌補的。

在這裡要提醒那些鎮日匆忙的朋友，記得稍微放慢自己的腳步，別因太多的忙碌冷淡了自己的親人和朋友；別因太多的追求淡忘了人生應有的悠閒和享受。要多抽點時間留給自己的父母、愛人、孩子和朋友，與他們一起分享快樂，感受更多的歡樂和滿足！

為什麼總是傷害最親近的人

你可以對朋友輕聲細語，但你會對自己的愛人或兄弟姊妹也這樣嗎？你會花錢請朋友吃飯，但你會請自己的另一半嗎？總之，你會主動給自己的親人一點溫暖（愛意）的表示嗎？

傷害親人的原因

在日常生活中，人們之所以有許多痛苦，並且每天都在製造痛苦，是因為許多人的感情生活不健康，不幸福。如果一個人情感健康和幸福，他會把幸福傳遞給別人，別人也變得可愛了，工作也變得快樂了！同樣，一個痛苦的人，傳給別人的多半是痛苦，特別是與自己最親近的人，受到的傷害往往會更大。

當我們面對陌生人時，我們會習慣性地將自己最優秀和最精彩的一面展示出來，向他們表示禮貌、修養、儒雅大方、心胸寬廣、耐心等一系列的美好品格。然而，當我們回到家時，卻懶散地只等待著有人來伺候，與在外面相比完全變成了另外一個人。在家裡，我們沒有了禮貌，沒有了修養，更沒有了什麼儒雅大方，我們的心胸也變得非常狹

窄，也沒有耐心，好像好的一面已經在外面用完了。我們把美麗拿給外人，把醜陋留給了自己最親近的人——這也就是所謂的「熟不拘禮」的邏輯。

你是不是在上面的情況中找到了自己的身影呢？相信很多人的答案都是肯定的。很多人在其一生中，與同事的對話多於與親人說的話，除了睡眠時間，與同事相處的時間多於與親人相處的時間。

我們可以算一算，我們到底給了親人多少美好的東西？我們花了多少時間和精力給自己最親近的人？我們與親人在一起時，又拿出了多少熱情和耐心？

我們歌頌公而忘私，把公而忘「家」視為學習的楷模！可見，我們天生就是希望博得庸俗觀眾一笑的最淺薄的演員！在日常生活中，我們總是忽視自己最親近的人，拿他們與我們在外面的事情做交易。

我們對自己的同事或朋友獻上最真切的關懷，對自己的親人卻總是如同應付差事，心裡想著如何溜走；我們對最親近的人講，外面有事需要忙，所以會晚些回家，這需要親人的理解，否則就是不支持，因為外面的事永遠比家裡的事更重要……。

造成這些情況的原因，主要有以下兩個方面：其一，傷害與我們最為親近的人似乎成了一種習慣，在我們的生活裡，總是會遇到這樣或那樣的不順心，這時候，我們身邊的愛人、親人、朋友就是我們傾訴的對象，因為越是親近就越是想要找他們訴苦，當我們

把心裡的不快發洩出來的同時，無形中也能把這種「垃圾」拋給了對方，尤其是你的不快和對方有關的時候；其二，就是認為即使你傷害了最親近的人，他們也會原諒你，所以你才做得那麼理所當然。

永遠的親人，傷害卻最深

這是發生在美國的一個真實故事：一個四歲的小女孩，她的父親有一輛大卡車，而父親也很珍愛這輛卡車。有一天，小女孩拿鐵片在卡車上劃下了無數道刮痕，父親見到後十分生氣，盛怒之下，用鐵絲將她的手綁起來，然後吊著手，讓她在車庫裡罰站。四個小時後，她的父親才想起女兒還在車庫罰站，當父親趕到車庫時，女兒的手已經被鐵絲綁得血液不通。父親懊悔不已，趕緊將女兒送往醫院的急診室，但是，女兒手掌的部分組織已經全部壞死，醫生說，必須馬上截去手掌，小女孩就這樣失去了一雙手掌。

對此，父親常常活在自責當中。半年後，父親將卡車送進廠重新烤漆，又像全新的一樣。當他把卡車開回家後，小女孩看著重新漆過的卡車，對父親說：「爸爸，你的卡車像新的一樣漂亮。」然後，小女孩伸出了她那雙被截斷的雙手對父親說：「可是，你什麼時候能還給我一雙手？」面對女兒的追問，父親很難受，在痛苦之餘，他舉起手槍，飲彈自盡。

我們總是在無意或是有意間傷害自己最親的人,在這則故事裡,我們不知道是父親傷害女兒深些,還是女兒傷害父親深些,這些似乎都是無心之失,然而造成的後果,卻令人黯然神傷。

其實,在這個世界上,常常被我們拿來傷害的人,往往是最關心我們,最愛我們的人。最親近的人帶給我們的親情是永遠都不會改變的,可以說親情是世界上最偉大和最美好的感情,它不摻任何雜質,純淨得如同一汪泉水,無需太多語言,卻顯得格外厚重,能讓人在千里之外就能感受到它的分量,親情到底有多濃、多厚,誰也說不清,誰也道不明,但是,我們卻常在有意或無意之間傷害我們最親、最摯愛的親人。

在這個千姿百態的世界裡,是什麼在我們失落時給我們帶來輕輕的安慰?又是什麼讓我們在前進的道路上少遭受一點苦難?答案很肯定:是親情。親情是一種在你身邊時,你察覺不到,一旦遠離你時,你就會無比想念的東西。

在我們很小的時候,每個人都會希望多得到一點親情的溫暖;長大之後,不論距離多麼遙遠,親情總是撫慰我們心靈最好的良藥。生病時、寂寞時、感到有壓力時,我們都會格外地想家,很想和家人說上幾句話,不需要家人給我們什麼,只是聽他們說說話就覺得很幸福,幾句隨意的聊天就能讓我們心裡溫暖許多,這就是親情的力量,偉大得簡

直不可思議，人世間的萬千情感都是由親情衍生而來的。所以我們千萬要體會和家人之間的感情，感恩親人，不要在不經意間遠離了親情。

愛，從點滴開始

愛，就一個字，愛從現在開始，從點滴做起。有的時候，不是要你做什麼驚天動地的事情，或許只要你一個手勢，一杯茶，一聲問候就足夠了。

最樸直的愛

一切幸福都來自於仁愛之心，來自於最純真至善的心靈，仁愛就是理解、包容、寬恕別人，設身處地地為別人著想。「人之初，性本善」，只要我們每個人從身邊的點滴小事做起，不斷地培養我們的仁愛之心，那我們就一定會獲得幸福美滿的人生。

如果每個人都保有仁愛之心，就會掀起互助互愛的風尚，最終構建出一個充滿人情味的、溫暖的、仁愛的大同世界。而一切苦樂、幸福都來自於「心」，仁愛之心才是幸福的泉源，所以保有仁愛之心，從身邊的點點滴滴做起，我們才能獲得幸福圓滿的人生。

古人云：「小善不揚，大善難至。」我們不妨從身邊事做起，因為每一件小事都可能是一棵大愛的嫩苗。

這個世界需要愛，我們的社會需要愛，每一個人都需要愛，渴望得到愛——來自長

輩、親人的疼愛，來自朋友的友愛，來自伴侶的關愛，只有那些得到過愛、感受過愛的人，才會學著去愛別人，去為親人、為社會奉獻和回報自己的一份愛。

愛不是在高談闊論中，也不在莊嚴的誓言中，愛是浸透在細微的、替人著想的具體行動中和對他人的尊重。

黃昏，山腳下一個敞開的院子裡，一縷灰白灰白的炊煙，纏纏綿綿地彎向山頂。

兒子從小就立誓，長大以後要好好孝敬最愛他的母親，在離家這天，一抹臉，淚珠飄落，兒子向母親哽咽道：「娘，等我賺錢回來，讓妳享福！」說完，他邁開步伐離去，融進了火紅的晚霞裡，只留下母親的身影在山下獨自徘徊，渴盼⋯⋯白髮銀霜的老母親，挽著袖子，不時放下勺子匆匆走出門外，向山頂眺望。滿面的紋溝彎彎曲曲，化成了一臉企盼的愁網。

三年後，兒子懷揣著辛苦賺來的血汗錢，又回到了故鄉。晚霞依舊紅，但山下已無炊煙，兒子見狀急急地向家裡跑去，柴門半傾，一院雜草在風中起起伏伏，訴說著無盡的淒涼⋯⋯。

一座孤墳，長滿苦楝子，四周沒有一絲鳥兒鳴唱，只有秋風低吟。兒子跪在地上，眼已無淚，只是紅腫如夕陽，所有的淚都已化做長長的悲痛注入了墳土。他撕開衣服，掏出全部工錢，灑向空中，「娘！」兒子哭暈了過去⋯⋯。

每一個赤誠忠厚的人，都曾在心底向父母許下「孝」的宏願，認定自己必有功成名就的一天，屆時就可以從容盡孝。可是，不要忘記時間的殘酷，生命的短暫，一定要明白，愛從點滴做起，愛從平日做起，千萬不要將愛定格為某一種特定的形式，也千萬不要誤解了愛。

父母親最需要的是兒女的照顧和陪伴，而不僅僅是錢，雖然兒女賺錢為父母，但不能否認這是一種對愛的誤解，這愛太片面，也太幼稚了，就像這個「兒子」將永遠無法盡孝，當然也將遺憾終生……。

勿以善小而不為

著名畫家豐子愷先生在〈懷李叔同先生〉中滿懷深情地記載了這麼一件小事：「有一次他到我家中，請他坐藤編椅子，他把籐椅子輕輕地搖動，然後慢慢地坐下去。開始我不敢問，後來看他每次都如此，我就啟問。法師回答我說：『這椅子裡頭，兩根藤之間，也許有小蟲伏著。突然地坐下去，要把牠們壓死，所以先搖動一下，慢慢地坐下去，好讓牠們走避。』」這件小事，在常人看來有點不可思議，但在這位一代名師的眼裡，眾生平等，萬法平等，不為小惡，即是大善。

孔子說：「見善如不及，見不善如探湯。」意思是，見到了善，就應當產生唯恐追趕

不上那樣的急切心情，見到了惡，就像手伸進了滾燙的開水中一樣，要趕快離開。

漢代著名的思想家揚雄認為：「人之性也，善惡混；修其善則為善人，修其惡則為惡人。」這就是說，善與惡都處於人的內心深處，並且相互影響，只有加強修養，才能使善戰勝惡，而成為一個道德高尚的人。

而這種修養，就在於平常有意識地積「小善」的活動中，因為微小的事情最能看出人品，顯示人的靈魂。因為無數事實說明，大節之虧，始於小節；千里之堤，潰於蟻穴。

一個還在讀高中的女孩，因為母親得了重病，為了減輕家裡的負擔，打算利用暑假時間打工賺點錢。她來到一家公司應徵，但那家公司看了她的履歷，看她還在上學，什麼也沒說，也沒怎麼考慮就拒絕了她。

面試完後，她用手掌撐了一下椅子站起來，覺得手被扎了一下。低頭一看原來椅子上有一顆釘子露出了頭，她想：也不知多少人會被這個釘子尖扎呢！她見桌子上有一條鎮紙石，於是拿起來用它將釘子敲平，然後轉身離去。幾分鐘後，公司經理派人將她追了回來，結果她被雇用了。

一個在愛中長大的人，他最好的回報也是愛，而在一件很細小的、與自己無關的事情上，也能體現出對別人的體貼和關心，這才是真正的愛。

如今，有人認為「行大事不拘小節」，「小節無傷大雅，何必小題大作」。其實不然，

任何事物都有一個從量變到質變的發展過程，小節問題同樣具有潛移默化的作用，平時不拘小節，就有可能微恙成大疾，小問題演化成大問題。

「滴水見精神」，一滴水蘊含著的是大海之情，一塊石頭代表著的是高山之貌，一件「小善」反映了人類的本質追求。經常做好事，施「小善」的人，會有一種「積沙成塔，積土成山，積善成德」的喜悅，純美之情時時鼓舞著他，純潔博大的愛就會不斷從他的心靈深處汩汩湧流，既蕩漾著身心的浮土塵埃，更昇華著人生的境界。而對於那些被幫助與被關愛的人來說，這「小善」如一盞突然點亮的燈，會照亮他淒冷苦澀的心房，投射出最美好的人性光明。

我們不妨從愛自己的親人，善待身邊的人做起，從替人著想的每一件小事做起，從尊重別人的勞動做起，從對別人的付出表示感激做起。哪怕是一次舉手之勞的小小幫助，一聲鼓勵，一句安慰，讓愛的暖流，像涓涓細流，澆灌滋養著我們的心靈。

給予的幸福

父母，給予我們生命，讓我們有機會可以看看這個花花世界；遇到困難，是朋友給予我們幫助，讓我們走出心情失落的低谷；是最愛的他給予我們最無微不至的關心和愛護，我們的生命因此而發生改變。

給予也是幸福

從小到大，父母一直在給予我們所有的關心，所有的呵護，所有的愛，父母都不遺餘力地全部給了我們。這就是做父母的快樂，他們把所有的愛和關心都傾注在我們身上，對於他們來說，這就是一種莫大的幸福。

早上剛起床，媽媽就已經給我們做好了熱騰騰的飯菜，媽媽認為給予我們最好的生活是最幸福的事情。

不論是生活上的還是學習上的，只要我們有需要，爸爸都盡量滿足我們的要求，並力求達到最好，他認為給我們最好的生活保障是最幸福的事情。

生病了，另一半一直守候在我們身邊，端茶倒水，他（她）覺得給予我們最無微不至

的關心和愛護就是他（她）最幸福的事情。

走在路上，一個素不相識的人給予了一個大大的笑臉，我們的心情變好了，他就覺得自己能夠給別人帶來快樂，這就是他最幸福的事情。

愛心，就像是一顆熠熠奪目的鑽石，不管在什麼時候，都會煥發耀眼的光芒；愛心，又像一場恰逢其時的甘霖，滋潤著那希冀已久的心田；愛心，似一支能夠鼓舞人心的勵志歌曲，促使在人生道路上徘徊躊躇的人坦然向前進。

人生這條路太長，長得我們在路途當中需要很多人的愛：父母的關愛，戀人的關愛，還有朋友的關愛，就這麼一路精彩地走下來，我們會發現，自己是最幸福的，因為我們擁有好多人的愛。

仔細地想一想，幸福的定位其實很簡單，只要我們懂得給予，就有機會獲得它。不論是父母還是戀人，他們把給予我們最好的愛當成是最大的幸福，那麼我們也應該試著把自己的愛給予他們：

在天氣變冷的時候，提醒爸媽注意添衣保暖，給予他們最貼心的關懷。

當最親愛的他（她），下班拖著一身疲憊回到家的時候，泡上一杯熱茶，給予他（她）最溫暖的體貼。

當朋友因為失戀或工作不順心而感到萬分沮喪的時候，陪他（她）渡過最難受的時

刻，給予他（她）最大的安慰。

因為出差而到外地的時候，別忘記給最親的人帶回一些我們的心意，給予他們物質上的滿足。

當一個陌生人需要幫助的時候，學會伸出援助之手幫助他們，給予他們一絲溫暖。

當我們學會愛別人的時候，別人才有可能愛我們，只有學會給予，才能感受到幸福的所在。也就是說，當我們拿起鮮花贈送給別人的時候，最先聞到芬芳的是我們自己；當我們抓起泥巴試圖拋向別人時，弄髒的必先是自己的手。

而親人是我們生命當中最重要的人，因此，我們更有責任給予他們滿滿的幸福。

感恩的幸福

媽媽打電話給你，天冷讓你多穿件衣服，你心裡想的卻是：真麻煩，媽媽怎麼變得這麼囉嗦……。

和姊姊一起看電視，意見沒有達成一致，姊姊就主動調到你喜歡看的節目，你心裡想的卻是：她比我大，本來就應該讓著我！

今天打算出門逛街，發現天氣陰沉沉的，十分掃興，心裡不停地抱怨：真討厭，怎麼不是個好天氣呢？

是習慣讓你忘記了感謝嗎？

生活環境不同，造就了每一個人的性格和生活習慣都有所差異，然而，我們不應該有的差異卻是：我們都該學會感謝。可是，僅僅是一句習慣了，就把身邊親人和朋友的付出全部忽略，這可真的有點說不過去。

有的時候，我們不得不承認，習慣真的是一件可怕的事情。別人常說，好的習慣可以決定一個人一生的命運，那麼是不是也可以這麼說，壞的習慣也影響了一個人一生的命

196

在生活當中，總會有一些壞的習慣讓你漠視了家人的付出；讓你漠視了親人的給予；讓你漠視了生活的美好。

運呢？

媽媽不厭其煩地提醒你：一個人在外面要多注意身體。同事羨慕地稱讚你有一位如此貼心的好母親，湊上去對你說：「你媽對你真好！你得好好謝謝她呢！」你隨口就講：

「我媽就這樣，煩都煩死了！」

一直以來，你的生活總是一帆風順，可是你卻不能讓天氣也順著你的意思來。於是，在你出門逛街的時候，天氣不好了，你就一直抱怨個不停：「這鬼天氣，怎麼老是跟我作對？我不出門，天氣就好得不得了，我一出門就變天！真的，影響心情！」

於是，在你的生活當中，充滿了抱怨，不是抱怨這件事情不公平，就是怨恨那件事情不順心。總之，就是一切都好像不合你意一樣，你整天沮喪得不得了，稍微有一點不順心就大吵大鬧的。

其實，這也是一種再正常不過的情緒發洩，因為人們在遇到挫折的時候，似乎已經習慣性地要去抱怨上天對他的不公平。但是，很少有人會想到，與其不停地抱怨，還不如去想想如何擺脫這種糟糕至極的壞心情。

既然事已至此，我們更應該學會的，是試著去接受這並不十分理想的事實，並懷著一

顆真誠的心去感恩。

感恩上天在你出門的時候,是個清清爽爽的陰天,而不是一個大雨傾盆的天氣;感恩媽媽在不辭辛苦地扶養你的同時,還對你關心備至;感恩哥哥姊姊能夠非常懂事地把一切好的都讓給你。學會感恩,這才是你應該養成的一個好習慣。

生活當中,我們需要學會感恩,因為所有的事情,包括煩惱和快樂,無一不是自己一手造成的,快樂和煩惱都是自己心裡面的東西。俗話說:「種瓜得瓜,種豆得豆。」種下什麼因就結出什麼果,種下去的因一旦瓜熟蒂落,果就會顯現出來。

所以人不要去抱怨老天爺的不公,也不要抱怨命運對你的不公平,老天爺對每個人都是公平公正的,端看你能否真正看得開,放得下。

體味感恩的精髓

上帝是公平的,不會給誰多,也不會給誰少,所以當一個人開始產生抱怨心理的時候,完全是在跟自己過不去。也就是說,有些時候,我們所感受到的不快樂,都是由於自己的心理原因而讓自己庸人自擾。

學會知足,學會感恩,我們會感覺到,自己其實非常幸福,我們有那麼愛我們的父母;有那麼善解人意的兄弟姊妹;有那麼好的天氣伴著我們出門,難道這一切都不值得

我們用一顆感恩的心來面對嗎？

有一位年輕的農夫，划著小船，到另一個村子的顧客家中運送自家的產品。那天的天氣酷熱難耐，農夫汗流浹背，苦不堪言。他心急火燎地划著小船，希望趕緊完成這趟運送任務，以便在天黑之前能返回家中。

就在這時，農夫突然發現，前面有一條小船，沿河而下，迎面向自己快速駛來，眼看兩條船就要撞上了，但那條船絲毫沒有避讓的意思，似乎是有意要撞翻農夫的小船。

於是，農夫大聲地向對面的船吼叫道：「讓開，快點讓開！你這個白癡！再不讓開你就要撞上我了。」

不過已經太晚了，那條船還是重重地撞上了他的船，農夫被激怒了，厲聲斥責道：

「你會不會駕船，這麼寬的河面，你竟然撞到了我的船上！」

當農夫怒目審視對方的小船時，吃驚地發現，小船上空無一人，那艘聽他大呼小叫、厲聲斥罵的只是一條掙脫了繩索，順河漂流的空船罷了。

生活在這個世界上，我們得承認沒有一種生活是完美的，也沒有一種生活會讓一個人完全滿意。儘管我們做不到從不抱怨，但我們應該學會盡量地減少抱怨，並用積極的心態去努力進取。

因為抱怨如果成了一個人的習慣，就像搬起石頭砸自己的腳，於人無益，於己不利，

生活就成了牢籠一般，處處不順，處處不滿。相反，如果我們真正學到了感恩的精髓，就會著實地明白，自由自在地生活著，其實本身就是最大的幸福，因為我們學會了感恩，學會了感謝。

擁有一顆感恩的心，我們才會懂得去孝敬父母。

擁有一顆感恩的心，我們才會懂得去友愛兄弟姊妹，親近身邊朋友。

擁有一顆感恩的心，我們就能學會面對生活中的一些不順心的小事情。

讓我們學會感恩，感謝別人的給予——哪怕是一個淺淺的微笑，一個小小的禮讓。

感謝可以溫暖人的心靈，消除人與人之間的隔閡，給人更多的快樂和勇氣；感謝還能夠驅散寂寞，緩解痛苦，給人更多的友情與溫暖；感謝還能夠使生活充滿更多的歡樂與幸福，能使人們得到更多的善意與寬容。

近在眼前的快樂

有一個人，總是感到生活中少了點「快樂」。於是他踏上了旅途，前往尋找快樂。

他先來到了號稱無奇不有的萬能雜貨鋪，他問老闆：「你這兒有賣快樂嗎？」老闆對他搖了搖手，只露出一臉苦笑。

接著他來到了一座寺廟，詢問那些正在唸經的高僧們：「大師，這裡有快樂嗎？」只見的僧人微笑，有的僧人皺眉，但他們都沒有回答，仍是低著頭繼續唸頌著經文。

沒有得到答案的他，於是又來到了馬戲團，他想到那些在舞台上嘻笑怒罵的小丑們，他們應該很清楚快樂在哪裡。但是才剛打開後台的門，他就決定離去了。因為裡頭的小丑們正如火如茶地準備著上台的工作，每個人的臉上只有嚴肅，一點也沒有快樂的樣子。

最後，他實在忍不住了，大聲的對著大街上的眾人喊道：「快樂到底在哪裡！」但他只得到眾人狐疑的眼光，仍是沒有人告訴他答案。

忽然，他聽到嘰嘰喳喳的聲音從頭上傳來，只見麻雀們好像很快樂地正跳來跳去嬉鬧著。

於是他忍不住問道：「太好了，你們看起來真的很快樂，可以告訴我為什麼能夠這麼快樂嗎？」

麻雀們用翅膀搔了搔小腦袋，一副不知道他在問什麼的樣子，其中有一隻說道：「快樂？那是什麼？我們只是像平常一樣，在這邊聊聊天而已啊。」

你要快樂，於是快樂來了。

主宰你的情緒

 每個人都會遇到坎坷和逆境，如果不能及時地調整自己的情緒，進行自我控制，則很難到達「柳暗花明」的境地。生活上的遊刃有餘和工作上的得心應手，都依賴於控制情緒和嚴格的自我約束。

都是情緒惹的禍

小周工作當中遇到了不順心的事情，肚子裡像壓了一股莫名其妙的怒火，總想找個人發洩一下，於是想到了最愛的她，看到她的一舉一動，都讓小周覺得不滿意。

阿芬的孩子都那麼大了，還是一點也不聽話，老是讓阿芬有著操不完的心，她無奈、生氣，可是仍然沒有辦法，甚至已到了無話可說的地步。

一個不小心，建國把重要的文件弄丟了，翻遍了整個家都沒有找到，他開始像一隻熱鍋上的螞蟻變得焦躁不安，氣急敗壞。

這些現象我們早就司空見慣，覺得沒有什麼，就好像別人正在演一齣搞笑的情境劇一般，可是這些事情一旦發生在自己身上，我們就不會覺得如此輕鬆自在了。原因很簡

202

單，因為我們成了主角，而這些沒來由的情緒，我們也曾經歷，說不定還比這些嚴重。

考試前焦慮不安，坐臥不寧；受到老師父母批評後腦子發脹；和老公吵架之後，心情不爽，不願上班；和同學朋友爭吵後，氣得上街亂逛，買一堆用不到的東西洩憤。

這就是情緒，像這類「犯規」的舉止，偶爾一次還不要緊，如果經常這樣，可就要小心了！因為不知不覺中，我們已經成了「感覺」的奴隸，陷於情緒的泥淖而無法自拔，所以一旦心情不好，就「不得不」坐立不安、「不得不」曉班、「不得不」亂花錢、「不得不」酗酒滋事。

是的，這些都是情緒惹的禍，沒有一個人能夠完全擺脫這些不良情緒的困擾，情緒這個字眼不亞於洪水猛獸，讓人唯恐避之不及！

你常常對孩子說：「不要老是哭個沒完！」丈夫常常對妳說：「不要整天發脾氣！」媽媽常常對你說：「不要有那麼多的抱怨！」這無形中表達出我們對情緒的恐懼及無奈。

也因此，很多人在壞情緒來臨時，莽莽撞撞，處理不當，輕者影響自己的正常生活，重者還可能傷害到自己最親的人，於是最後我們發現，原本是最親的人，最後卻離自己越來越遠了。

把握好自己的情緒

美國著名心理學家丹尼爾認為，一個優秀的人，只有20%是靠IQ（智商），80%是憑藉EQ（情商）而獲得。而EQ管理的理念即是用科學和人性的態度和技巧來管理人們的情緒，善於做情緒的主人，就會獲得比較幸福的生活。

從前有個犯人，一審被判死刑、二審終了之際，法官問犯人：「你還有沒有什麼要說的？」他回了一句：「幹！」

法官一聽大怒，於是訓斥了他十幾分鐘……。

犯人靜靜地聽完之後對法官說：「法官大人，您是個受過教育的高級知識份子，聽了我一句髒話也會如此動怒，而我只有國中畢業，當我看到老婆跟別的男人在床上，於是我一氣之下就將他們殺了！這實在是我當時太衝動，無法克制自己的情緒所造成的。」

後來，這位犯人從死刑被改判為無期徒刑……。

王安石曾有一首詩，與「情緒智能」有關：「風吹屋簷瓦，瓦墜破我頭；我不恨此瓦，此瓦不自由。」的確，他說的一點都沒有錯，砸到我們的那片瓦，是被風吹落的，它並沒有自由，也不是故意的！

人的情緒控制能力與學識高低並無直接關係，人在憤怒時，常控制不住「手勁」，一

失手就是一生無法彌補的遺憾！所以我們必須學習「提高情緒自制力」，試著讓激動和盛怒降溫，因為動不動就憤怒的人，只是顯示自己幼稚得無法自我駕馭情緒！

大多數人都有過受累於情緒的經歷，似乎煩惱、壓抑、失落甚至痛苦總是接二連三地襲來，於是頻頻抱怨生活對自己的不公平，企盼某一天歡樂能從此降臨。

其實喜怒哀樂是人之常情，想讓生活中不出現一點煩心之事幾乎不可能，所以關鍵是如何有效地調整控制自己的情緒，做生活的主人，做情緒的主人。

今天你笑了嗎？

有位哲人說得好：「大笑比一切哲學偉大，有人對生命大笑時，他就懂得了生命。」

笑是治療疾病最好的方法之一，也是最簡單的方法之一，更是幸福生活中不可缺少的元素之一。因此，要想活得好，你有什麼理由不笑呢？

笑出幸福

中國有句諺語叫：「笑一笑，十年少。」同樣英國也有句諺語：「一副好的面孔就是一封介紹信。」笑是上帝賜給人的專利，笑是一種令人愉悅的表情。面對一個帶著微笑的人，你會感到他的自信與友好，同時這種自信和友好也會感染你，使你油然而生出自信和友好來，這可能就是笑帶來的親和力。

笑是一種含意深遠的肢體語言，像是在說：「你好，朋友！我喜歡你，我願意見到你，和你在一起我感到很愉快。」笑不只可以鼓勵自己的信心，也可以融化人與人之間的矛盾。

其實，幸福與笑臉本來就是兄弟，是幸福締造了笑臉，是笑臉延續了幸福，但這並不

206

意味著沒有幸福就會與笑臉絕緣。事實上，與幸福之後相比，幸福之前擁有笑臉是件很難的事情，而且也更加重要。

笑，就像吃飯睡覺一樣，不應該也不能夠減少。笑是一個人的權利，沒有人剝奪你的笑容，所以自己要對自己的笑容負責，有的時候甚至需要採用一些「強顏歡笑」的措施。

而且笑也是一種治療疾病的最好方法之一，很多人覺得「笑用來治療疾病」的方法聽起來好像是不可能的，但越來越多的醫生對這種新的治療方法寄予莫大的希望。

例如德國科隆大學醫院已經採用笑療治病，尤其是用這種方法給小孩子治療。在美國和英國，醫療保險公司也已經承擔採用笑療法的費用，在採用笑療法時，有意識地通過動畫片、喜劇甚至通過小丑讓病人放聲大笑，結果指出採用這種療法取得的結果令人驚異。

美國的免疫學專家伯克，在剛剛看完一部滑稽電影的笑療法試驗人員身上發現，他們血液中殺菌和抗體的物質數量增加，也就是消滅體內病毒和細菌的物質增加了。

笑能增強人的幸福感，會消除削弱防禦能力的壞情緒。這也許是笑療法為什麼在治療與精神有關的疾病，如偏頭痛、哮喘、男子性生活障礙和神經性皮炎時，能夠取得好效果的原因之一。笑往往是對擺脫緊張、恐懼或憂慮所做出的反應，發出笑聲的人會因此感到輕鬆。

心理學家認為，一個人老是想像自己進入某種情境，感受某種情緒，結果這種情緒十

之八九真的會到來，而一個故意裝作憤怒的實驗者，由於投入「角色」的影響，他的心率和體溫也會上升。

這個心理研究的發現可以幫助我們有效地擺脫壞心情，其辦法就是「心臨美境」。在異彩紛呈的世界裡，人們難免會激動、發怒和心情不快樂，關鍵是發怒時要盡量保持理智，並不斷提高個人的修養和克制能力，培養良好的性格，盡量保持情緒穩定，假裝有某種好心情，往往能幫助我們真的獲得這種「美境」感受。

當然，笑要真笑，要盡量多想快樂的事情，更重要的是笑容會影響我們體內的生化反應，使流入人腦的血液增加，吸入更多的氧氣，使大腦思維變得更加活躍，心情自然就會好起來了。

如何開心的笑

研究顯示，一百到兩百次的「開懷大笑」，如同划十分鐘船一樣使你的身體受益。笑會增加你的血液循環，使你的心臟得到鍛鍊，為你的肺提供氧氣，刺激你的大腦，活躍你的免疫系統，抑制產生壓力的激素。

那麼怎麼來訓練自己綻放更多的笑容，更加有益於我們的身體健康呢？下面幾個技巧

或許正是教你如何「笑」的訣竅：

1. 多和愛笑的人在一起。歡樂是能夠共用的，笑是有感染力的，和一個樂觀幽默愛笑的人待在一起，心情自然會被「感染」，情緒輕鬆而愉快。

2. 多和天真的孩童在一起。兒童的天真無邪和頑皮活潑，皆能使你深感到生活的天性之美。

3. 開一份快樂清單。記下每天令你開心的事。

4. 拍一些滑稽可笑的照片。把你和朋友做鬼臉的表情拍攝下來，把照片放在錢包裡，感到壓力大的時候就拿出來看一看，笑一笑。

5. 多看喜劇影片。

6. 創造一個令你歡笑的空間。把你喜歡的卡通人物、圖片剪下來貼到冰箱上。還可以把你最喜歡的漫畫書放在最方便拿到的地方。

7. 學著誇張一點。為淡化某一糟糕的境遇，你可在心中極力對該境遇進行誇張的想像訓練，使它在你的腦海中變得滑稽可笑。

正如英國哲學家羅素所說：「笑是最便宜的靈丹妙藥，是一種萬能藥。」我們還猶豫什麼？還不拿起最有效，又最廉價的「笑」藥來治療自己！

由此可見,笑對一個人來說是多麼的重要,人生在世,我們都應當笑對人生。平凡的生活中,一抹微笑就是一道陽光,當我們在一個個長夜裡反思白天的得失時,或許我們最應當問自己的一句話就是——今天你笑了沒有?

快樂的赤子心

飛機上，空中小姐問一個小女孩說：「為什麼飛機飛這麼高，也不會撞到星星？」

小女孩回答說：「我知道，因為星星會『閃』啊！」

你是否會心一笑了呢？

尋回那個隨時可以歡笑，無所畏懼的自己

如果每個人，無論在何時何地，都能保持一顆純潔、簡單的童心，那麼就不會有那麼多的憂愁和煩惱了！

童心既是真善美的容器，也是真善美本身，更是讓你活得好的一顆心。在勾心鬥角、誠信嚴重缺失的社會，童心最難得，也最可貴。

這裡所說的童心、童趣，是完全真實，未加雕琢的童心，而不是一張經過化妝的「娃娃臉」；是一種發自內心，完全純粹的童趣，而不是一副故意用疊字扮成的「娃娃音」。

不管你是風華正茂的青年，如日中天的中年，還是夕陽遲暮的老年，只要做到「人老心不老」，保持一顆善良、純樸、簡單的童心，為自己創造一片寧靜純潔的心靈空間，讓

孩子的童真感染你，同化你，改造你，就能延緩心的蒼老，你的人生就會有無盡的歡聲和笑語！

著名的書畫家，散文家豐子愷先生說：「一個人，活得單純不容易，活得像孩子一樣就更不容易。」他說孩子就是他生活和創作的老師。

在民國初期的烽火中，豐先生領著一家人在城裡逃難。槍炮聲一響，他們先是逃到了婦孺救濟會，後來覺得不安全，又逃到了滬江大學，歷經兩天，才平安回家。

之後，豐先生隨意問四歲小兒子瞻瞻最喜歡什麼？孩子爽直地回答：「逃難！」為什麼呢？因為可以坐汽車、採花、臥草、在黃浦江邊看大輪船……這些活動，在孩子們眼裡，不正等於郊遊嗎？大人又豈能像孩子一樣輕鬆地欣賞這一切，除非他能預料前路並無險阻。

誰也不是預言家，可是豐先生卻能從這簡單的日常瑣事中體會到，至少再到逃難時，在沒有確證有危險要降臨的時候，可以不那麼悽惶度日。

豐先生閒時看著兒女們天真爛漫的笑臉，常做這樣的癡想：「小孩子長到十歲左右，若無病痛地死去，豈不是完成了一次既有意義和價值，又充滿幸福和歡樂的人生嗎？」他當然不是在詛咒兒女，浮世顛倒，人生困頓，他是在用最決絕的方式，在想像中，為兒女們留住「童年的天堂」。

212

豐先生曾說：「我企慕這種孩子們的生活的天真，我豔羨這種孩子們的世界的廣大，或者有人笑我故意向未來未練的孩子們的空想世界中找尋荒唐者的烏托邦，以為逃避現實之所，但我也可笑他們的屈服於現實，忘卻人類的本性。」

豐先生的一生就像天上飄過的一道微風，那樣平淡而又樸實，這樣的人生難道不是美麗的人生嗎？今天，年輕人初涉世，常會困惑是以單純面對社會複雜，還是也將自己變得複雜起來，去迎合這個社會，去追尋這個社會？

我想，對此糾纏不休的人，大多就應該過豐子愷式的生活；而那些很快不再作如此思忖的人，卻早已投身塵流，物欲滿懷，爾虞我詐，撈金劫銀去了。清貧、潔白、樸素、簡單，這也許聽起來有點不合時宜，但最終的生活會讓你相信，平靜的日子，純淨的心，簡單的心情，一樣可以創造豐盈快樂的人生。

健忘，有何不可

在物欲橫流的世界，燈紅酒綠，紙醉金迷，人與人之間很難再有真誠地交流和傾訴，取而代之的是猜疑和妒嫉。在成年人的眼中，再沒有靜謐純潔的海洋，海水被人類製造的汙穢染得渾濁晦暗，人與人之間變得紛亂而陰冷。

我們無法在現實世界裡解讀艱澀，剖析人性，如同《海底總動員》裡膽小的Marlin

一樣，成熟的記憶裡有太多醜惡，於是封閉心靈，永遠對模糊的陰影心存戒意，不再相信互助，甚至不敢向陌生人問路……。

《海底總動員》中，有個讓人喜歡極了的 Dory。因為她的記憶裡不存在恐懼。

Dory 是不是讓你想到童年？那就像是我們可以在半分鐘裡從號啕大哭到破涕為笑的年齡，那是昨天拳腳相向的死敵，今天就可以一起玩耍的年齡，那是動機永遠單純，行動永遠幼稚，理想永遠完美得不切實際的年齡。

看到 Dory 在鯊魚的利齒前逗趣，在水母劇毒的觸鬚間嬉鬧，被吞食到鯨魚的腹腔中依然自顧自地念她的「鯨語」，你是否笑了——那是在向自己的童年微笑，向那個即使在黑暗的深淵裡也充滿陽光的聲音致敬。

讓我們找回童心，並不是要我們重新變得輕率和迷糊。放棄了敵意，是溫暖；敞開了心扉，是關懷；忘記了傷害，是友愛。Marlin 與 Dory 的旅程，恰如一個成年人與他的童心做伴，從排斥、指責、衝突到相依共鳴，最後難以割捨。

藍色的大海並非樂土，但找回童心的 Marlin，也就找回了 Dory，找回了愛，找回了一切……。

成人的世界充滿了煩惱，如果我們沒有童年和那童年美麗的故事，我們的生命中就

缺失了最單純、最透明的快樂。找回童心，重新漫步童心世界，它就是一個讓你重新透明，永保幸福的地方！

快樂是一種責任

人生在世，快樂也活，不快樂也活，那我們為什麼不快樂地生活呢？前蘇聯作家高爾基說：「當生活是一種快樂，生命就是喜悅；當生活成了責任，生命就是奴隸。」如果把快樂與責任擺放在一起，快樂便成了一種責任。

快樂的真諦

「人生本來一場戲，因為快樂才相聚。」倘若生活中充滿了沉重、悲哀的因素，那麼這樣的人生肯定是沒有意義的。因此，快樂就是我們人生中的一大責任和義務！不僅是自己對生命應負的責任，更應該是一種對親人，對社會的責任！如果不盡這一責任和義務，不僅我們的人生會殘缺，也會對他人造成傷害。

古希臘有一位大哲學家對人很好，見到每個人都笑咪咪的，他的學生總是不解地問他：「老師，為什麼你總是面帶笑容？」他的回答一直是：「我捨不得自己不快樂，這也是我的責任呀！」

提起責任，這個詞好像離我們越來越遙遠，你必須為自己負責任，為自己的快樂負責

任，只有明白什麼是自己的快樂，才能得到快樂。如果你放棄了責任，那就說明你同時也交出了自己快樂的鑰匙。

有人認為有權就有快樂，於是挖空心思要官位，待官位到手之後，卻感到當官很苦很累，與快樂無緣；有人認為出名便是快樂，於是想方設法搶頭牌、爭待遇、出風頭，找名人提攜，攀龍附鳳，等到真有點名氣之後，卻覺得做名人難，感受不到什麼快樂。

其實，快樂與一個人金錢的多少、官位的高低、名氣的大小，並沒有什麼必然的聯繫。快樂只是一個人的感覺，是一個瞬間的愜意，是乍暖還寒時陽春白雪的景象；是春滿大地時，和紅杏一齊鬧春，和百花一齊爭豔；是幸福的雀躍，是競爭的興奮，是故友重逢的歡欣……。

快樂是一個工具，即便我們無法把握人生長短，但卻可以調節人生的亮度。所以，無論你的人生有多大的壓力，有多少不順心之事，請你不要說：「我真累，我真煩。」也請你不要對柴米油鹽的平凡生活厭倦而說：「活著真沒意思。」這裡，有一個如何對待生活的問題，也有一個如何調整自己心態的問題。

快樂是一種感覺，也是一種境界，要想活得好，就要以快樂當成自己的責任來對待，首先要學會不斷地修練自己的性格，寬容、忠恕、隱忍、豁達、浪漫、幽默等等，有助於建立快樂養成的自我陶冶，都是我們應該潛心琢磨的功課。

快樂能夠以苦為樂，雖不能避免痛苦卻能夠快速地調整狀態，快樂地接受痛苦帶來的人生體驗。快樂地善待他人，快樂地珍愛自己，快樂地面對責任，快樂地迎接挑戰。

快樂的人最聰明

一個快樂的人不一定是最富有、最有權勢的，但卻一定是最聰明的。他的聰明就在於懂得如何享受人生，那就是太陽不是追求升起落下，而是為了光明與燦爛。

常有人說：「人比人得死，貨比貨得扔。」人是社會裡的一個元素，你不可能不與他人發生聯繫，也不可能不拿自己的境遇和別人做比較，問題的關鍵不在於比較與否，而在於如何比較。

快樂的人從來都不比人有己無的，而是比人無己有的，就像相聲裡所說的：「我從不和喬丹比籃球，而是比下象棋；我也從不和比爾‧蓋茲比財富，而是比簡單。」有人說這樣的比法有點像魯迅筆下的阿Q，但如果這樣做能使你保持一顆樂觀而又懂得享受平凡的心，只要能夠快樂，能夠活得好，像阿Q又有什麼不妥？

總比那些喜歡和別人比房子的大小、車子的貴賤、錢財的多寡、權力的強弱等，最終把自己推向痛苦深淵，什麼也沒有得到的人好得多，畢竟我們總算履行了一個做人的基本責任——快樂。

為什麼說快樂的人最聰明？根本的原因是因為他們懂得熱愛自己，熱愛生活。我們可以想像，一個整天為了計較財產多寡而忘記快樂的人，肯定也是一個不熱愛自己、不熱愛生活的人，這樣的人怎麼會得到幸福？

相反，一個懂得快樂、自愛與自尊的人，才真的可以始終如一、義無反顧地輕鬆地過，快樂活躍的保險業務員首先接觸的培訓，就是面對挫折的心態，樂觀的心情，逼迫自己學會快樂，否則你將受不了別人的拒絕和打擊。

從生理學的角度來看，長期保持快樂的人，他的性格和健康也會受到積極的影響，更重要的是快樂是對自己負責，也是對他人的一種寬容，一個與自己過不去的人，是很難放過別人的，一個人心理上的傷疤是很容易映射到人際關係中的。

說到底，快樂是一種心態，而這種心態會產生一種力量，一種改變命運，獲得幸福的力量。往往一個人如果決心獲得某種幸福，那麼他就能得到這種幸福，這就是心態產生的力量。快樂是聰明人的專利，從今天起讓我們輕鬆快樂地生活吧！

當幽默來敲門

 一個幽默的人，往往是快樂高手，一個幽默的人，不僅能夠給別人帶來立竿見影的快樂，而且通常是一種智慧的象徵。幽默是對人類與世界缺陷的洞悉，笑過之後讓人深思，所以這種快樂絕不膚淺。

以幽治憂

一個想活得好的人，應該具備三種笑：一是能夠給自己帶來笑；二是能夠經得住別人笑；三是能夠給別人帶來笑。這三種笑，都與幽默密切相關。

快樂的關鍵因素之一是：把「幽默」注入你的內心，使自己盡量快樂，努力使之成為個人的獨有特質。「幽默」是一種積極的生活態度，《洛杉磯時報》專欄作家傑克‧史密斯說：「幽默是一種心智成熟的最佳表現，『幽默』看待萬事萬物都顯得『新奇有趣』的生活態度。」

幽默更是一種心智成熟的最佳表現，「幽默」的好處多多，主要有下列幾項：

1. 降低緊張，製造輕鬆、無負擔的氣氛。

2. 消除疲勞，使人頓覺輕鬆、愉快。

3. 使人際交往更加和諧。

4. 化危機為轉機，突破困境、反敗為勝。

你會發現，有幽默感的人往往能從平凡小事中發現有趣、光明的一面，或是從最壞的情況下得到最大的滿足感。沒有幽默感的人，總是對人與事物無動於衷，後知後覺，並使自己或環境陷入「一灘死水，毫無生氣，甚至枯燥到無以復加」的境地。

幽默，就是風趣巧妙地思考和表述問題，幽默是一種智慧，幽默是一種藝術，最重要的是幽默還能化解精神上的重負，還會很抒情地把自己的痛苦與快樂各盡其表。

李漁的《閒情偶記》中有這樣的故事：兩個男人被蚊子肆虐，應對之法一苦一樂，一個很痛苦地問：「我苦，汝樂，其故為何？」一個笑吟吟地回答：「記得曾為仇家所陷，身系獄中，獄卒防予逃逸，每夜拘攣手足，時蚊蚋之繁，倍於今夕。以昔較今，是以但見其樂，不知其苦。」

李漁在這兒並非只提倡阿Q療法，提供止怨釋尤之策，而是在故事之後視作前車之鑑，以弭後患。這是一種幽默之法，既要不傷自身，又取制伏之計。

倘若你僅僅以幽默回避災禍，那就真的成了阿Q了，如果當你以幽默化解憂傷之後，又能積極地面對困難，並積極地反省，那才能叫做「以幽治憂」。

有句格言說得好：「幽默是生活波濤中的救生圈。」幽默，可令心頭的愁雲化為烏

有，可將胸中的抑鬱一掃而光。幽默者的生活愉快而充實，同時也會受到他人的歡迎和喜愛。

幽默也是治療疾病的一味靈丹妙藥，全美幽默療法協會經過長期認真地研究，得出結論：幽默有助於正在接受治療的病人盡快恢復健康。

營養學家巴里‧比特曼是該協會的主要成員之一，一直致力研究於情感對免疫系統所發生的作用。他指出，目前已有充分的證據證明「幽默神經學」對病人的康復能發揮重要作用。假如病人能以積極的態度和樂觀的狀態，對待自己康復階段的生活，或者在康復過程中結合大笑或其他積極的態度和方式，那麼病人就一定能盡快恢復健康。

為此，很多專家們建議醫院為病人建造「幽默推車」，設置「幽默病房」，給病人放映有趣的電影，提供輕鬆的書，甚至為病人準備一些引人發笑的玩具。

可見幽默對人的生理和心理、精神和行為，都有著良好的作用。「笑一笑，十年少；愁一愁，白了頭」說的就是這個道理。幽默的人必然樂觀而樂觀的人往往幽默，幽默樂觀的人，能將生活點綴得絢麗多彩，並為創建更加美好的生活而不斷奉獻。

幽默可以營造和諧的氣氛

法國哲學家伏爾泰是一個人見人愛的幽默高手。一七二七年英法戰爭期間，伏爾泰恰

巧正在英國旅行，誰知道英國人竟不分青紅皂白，把當代的大哲學家伏爾泰抓住了。

「把他絞死！快點把他絞死！」英國人怒氣衝衝地大叫。

伏爾泰被抓起來送往絞刑台上時，他的英國朋友紛紛趕來替他解圍。他們緊張而又急切地喊道：「你們不能將他處死，伏爾泰先生只是個學者，他從不參與政治！」

「不行，法國人就該死！把他吊死。」那些群眾還是不停地怒罵著。

在雙方爭執不下的時候，伏爾泰舉起了雙手，悄聲地說：「可不可以讓我這個將死之人說幾句心裡話？」

全場突然安靜了下來。

伏爾泰對群眾深深鞠了個躬，清了清嗓門，說道：「各位英國朋友！你們要懲罰我，就是因為我是法國人。以各位的聰明才智，不難發現，我生為法國人，卻不能生為高貴的英國人，難道對我的懲罰還不夠嗎？」

說完，英國人全都哈哈大笑了起來，這番詼諧幽默竟讓伏爾泰死裡逃生，他被當場釋放了。

伏爾泰深諳「自我嘲笑、自我謙抑」的技巧，不僅化解了英國人對他的敵意，更促進了彼此「和諧、歡樂」的氣氛。

在生活中，我們都曾有過大大小小的煩惱，這些煩惱往往使我們的心理失去平衡，或

滿腹牢騷，或悶悶不樂，或大發雷霆……此時，我們最需要的是一股均衡或者振奮的力量，那就是「幽默感」。因為有幽默感的人不僅可以使自己擺脫尷尬，也能發現人生樂趣之所在。

幽默可以化解尷尬

《晏子春秋》記載，晏子出使楚國，因他身材矮小，楚人想羞辱他，事先在大門旁邊開了個小門，讓晏子進去。晏子說：「使狗國者從狗門入，今臣使楚，不當從此門入。」楚人只得讓晏子從大門進去。

還有一次，晏子出使楚國，楚王設宴招待他。席間，按照楚王與臣屬的預謀，兩個差役捆綁著一個人走上前，說這人是齊國人，犯了偷盜罪。楚王遂問晏子：「齊國人善於偷盜嗎？」

晏子說：「我聽說，橘樹生長在淮河以南，就是橘樹；生長在淮河以北，就成了枳樹。橘樹和枳樹只是葉子相像，果實的味道卻不同，這是由於水土差異造成的。」

「現在這個人在齊國不偷東西，一到了楚國就偷竊，莫非是楚國的水土使百姓喜歡偷東西嗎？」楚王無話可答，落了個自討沒趣。

從以上兩則故事可以看到，正是幽默的智慧，使晏子從容、有力地回擊了挑釁，挫敗

了對手，維護了齊國的尊嚴。

英國首相邱吉爾是一位集政治家、文學家、演說家於一身的傳奇人物，除了擁有「頑強不屈、毅力驚人」的性格外，在他的一生中也充滿了「機智」和「幽默」。

一九四一年，他就任首相不久，為了瞭解美國的外交政策，他親自赴美會見羅斯福總統。

在邱吉爾抵美的隔天一早，羅斯福來拜訪住在白宮客房的邱吉爾。正巧，邱吉爾剛剛洗完澡，全身赤裸裸地走出浴室。羅斯福一看情況不對，立即困窘地要轉頭離去。

此時，邱吉爾叫住了羅斯福，神情自若地對他說：「你看！英國首相對美國總統的『坦誠相見』，是絕對沒有任何一絲的隱瞞啊！」

羅斯福頻頻點頭，笑著說：「你說得好！你說得好！」

邱吉爾通過機智幽默，當場化解了雙方的尷尬，而且一語雙關，充分表達了英國人對美國人的那份坦誠以待的尊敬和誠意。

邱吉爾的「一語雙關」可謂恰如其分，活脫脫地表達出對人及事的看法，除了使人們「不禁莞爾」或「哈哈大笑」以外，更是「機智人生」的呈現啊！

另外，還有一則關於邱吉爾的趣事，話說名劇作家蕭伯納有一齣新劇上演，打算邀請邱吉爾前往觀看，於是，他命人送了兩張入場券給邱吉爾，並且在票券背後附上一句

話：「歡迎您和朋友一起來觀賞……如果您還有朋友的話！」

邱吉爾接到入場券後，立刻回了一句話：「謝謝你的入場券。不過，我今晚實在抽不出空來，明天我會邀請朋友一起出席，如果閣下的這齣劇能夠上演到明天的話！」

有時候，「幽默感」可以使人感到心情愉悅，舒坦無比；有時候，「幽默感」還可以向對方「帶刺」的一面給予痛擊。

保持你的好心情

對於很多現代人來說，時代不斷前進，就會有隨之而來的生活壓力不斷加重，這些都是有目共睹的。每當我們遇到太多的挫折時，總會不經意地說：「活得真累。」每當我們面對平凡的生活起厭倦之意時，也都會說：「活得真沒意思。」

美好生活

於是，「活得累」、「活得好」、「活得煩」、「活得沒意思」等消極的話語就成了很多人的口頭禪，如何讓自己把「活得好」、「活得有意思」、「活得精彩」等詞語常掛嘴邊呢？首先，我們必須要學會調整自己的心態，以重塑美好的生活。

我們都知道，人的心情總是隨著外界的因素而不斷變化，有的時候就如春夏之交的天氣一樣，陰晴不定，風雲變幻。假如我們每天都能夠讓自己保持好心情，那麼我們就會體會到生活的真諦，雖然這很難做到，但真的很值得大家去做。

每天都能保持一個好的心情，不僅是身體和精神的最佳保養法，也對人的身心健康有著道不盡的益處；而不好的心態不僅是生活中的腐蝕劑，還會給你的人生釀成禍端，造

227

成難以估計的損失。

一個心情不好的人，總覺得工作不順利，與他人難以相處，有的時候一場誤會，一句謠言等等，都會令他煩躁不已，甚至引起無端的是非；而一個心情好的人，從早到晚都保持滿面春風，工作順利，與人交往也很和睦。即便是碰到棘手的問題或者一場誤會，也能夠順利地把矛盾化解，這樣的人不僅事業有成，家庭和睦，最重要的是生活得好。

傑森是一家知名速食連鎖店的員工，他的工作就是煎漢堡。剛開始，傑森一上班就希望能夠聞到那香噴噴的漢堡味，一想到心情就很好；可時間久了，每天都要面對漢堡，傑森總覺得很單調，慢慢地發展到厭惡，最後當他每天要上班的時候或者是聽到有客人要點漢堡的時候，他的心頭就產生一股無名火。

久而久之，傑森得了一種「怪病」，只要一聽到「漢堡」這個詞，他就會狠命地咬牙切齒並不停地嘟嘟囔囔，情緒低落到了極點。

為了能夠治好自己的「怪病」，傑森只好去看心理醫生。心理醫生開玩笑地告訴傑森，他患上了一種「漢堡壓抑症」，也就是我們常說的「職業憂鬱症」。輕度憂鬱的狀況下還可以工作謀職，不過情緒一直是處於低落和極度厭惡的狀態，傑森應該就是屬於這個層次的患者。而當遭遇重大變故時，這症狀很可能就會演變成重度憂鬱症，最後會產生輕生或者厭世的情緒。

傑森聽完心理醫生的話，不禁倒抽一口涼氣。心理醫生繼續說道：「其實治療的處方很簡單，也就是──改變心態，每天保持好心情，讓自己活得更好。」接著，心理醫生很神秘地給了傑森一個具體的治療方法，並囑咐他每天上班都要按時「服藥」。

之後，傑森每天都盡量保持愉快的心情工作，尤其在煎漢堡的時候，他更是用心。許多顧客看到他心情愉快地煎著漢堡，對他每天都能夠保持好心情感到不可思議，十分好奇，紛紛問他說：「煎漢堡的工作環境不好，又是件單調乏味的事，為什麼你可以如此快樂？」

傑森說：「每次煎漢堡時，我便會想到，如果點這漢堡的人可以吃到一個精心製作的漢堡，他就會很高興，所以我要好好地煎漢堡，讓吃到漢堡的人，都能感受到我帶給他們的快樂。」

「而且看到顧客吃了漢堡之後十分滿足，並且神情愉快地離開時，我便會感到十分高興，心中覺得彷彿又完成了一件重大的工作。因此，我把煎好漢堡當作是我每天工作的一項使命，這也是我為什麼能夠保持好心情的原因。」

顧客們聽了他的回答之後，對他能用這樣的工作態度來煎漢堡，都感到非常欽佩。他們回去之後，就把這件事情告訴周圍的同事、朋友或親人，一傳十、十傳百，很多人都來到這家速食店吃他煎的漢堡，同時看看這個「快樂地煎漢堡的人」。

後來，顧客紛紛把他們看到這個人認真又熱情的表現，反映給公司，公司主管在收到許多顧客的反映後，也去瞭解情況。公司有感於他這種熱情積極的工作態度，認為值得獎勵並給予栽培，沒幾年，傑森不僅治好了自己的「怪病」，還升為了區經理。

正如美國著名成功學家威廉·詹姆斯所說：「我們這一代人的最大發現：人能改變心態，從而改變自己的一生。」

從內在反應外在

一個人可以沒有財富，沒有豪華的洋房和車子，沒有美麗的外貌，沒有高薪的工作，但不能沒有美好的心情，因為上述一切的總和未必能換取一個快樂的心情，快樂才是生活的真諦！

擁有好心情，是活得幸福的保障！晴天、雨天都是一樣的好天氣；圓月、彎月都是一樣的好月亮；開始、結束都是一樣的好故事。對於別人的閒言碎語，統統當作耳邊風；對於看不慣的事情，統統當作過眼雲煙。

每天擁有好心情，是做事業的前提，更是活得幸福的保障。一個經常保持好心情的人，縱使吃家常便飯也能嚼出一種幸福的滋味，睡在普通的房間裡也能做個甜美的夢。

文學巨匠魯迅先生曾說過：「要麼在沉默中爆發，要麼在沉默中死亡。」幸福與否的

關鍵是看自我調節的能力，因為煩惱和幸福都是自己找出來的，很多時候把自己的心情放輕鬆一點就不會這麼憂鬱了。

比如天氣漸漸好起來了，找點時間和朋友玩玩，或者抽點時間去做自己想做的事情，嘗試一些沒做過的事情。心情放鬆了，自然就不會感到不開心了，很多事情我們本身無法控制，所以只能學會控制好自己。

其實人生本來就是一種態度，活得好與不好的界限，完全來自於我們的感覺。活得幸福是一種感受，好心情是一種心態，如果我們能夠改變自己負面的心態，就一定能夠增加我們在生活中所能感受到的快樂與成就感。

因此，如何找到活得好的途徑，方法很簡單，我們只需要——保持好心情。

快樂是種習慣

 習慣快樂其實很簡單，當你學會從快樂的一面看待事物時，你將會越來越快樂。

正面、負面，端看你看哪一面

做過保險的人應該知道，一般新從業的保險業務員首先接觸的培訓，就是面對挫折的心態，要時時保持樂觀的心情，逼迫自己學會快樂，否則你將受不了別人的拒絕和打擊。一般那些特別有能力的老業務員，必定也是一個快樂高手，因為他們早已習慣了客戶的拒絕，也知道自暴自棄無用，只好強迫自己快樂，這樣使他們早已習慣了保持樂觀的心情。

曾經有一家著名的保險公司為了能雇用一些表現更好、更穩定的業務員，便找了一位心理學家出謀劃策。

然而，這位心理學家並沒有想出好的解決方法，於是便請來自己的好朋友湯姆森——美國聯邦保險公司的首席業務員幫忙，並提出共進晚餐的邀請，湯姆森接受了。

在晚餐中，湯姆森突然發現香味撲鼻的比薩上有一個黑點，仔細一看，是一隻蒼蠅，

當時湯姆森的第一個反應是：還好！屍體還很完整。

於是湯姆森請老闆過來，用很愉快的語氣告訴他：「老闆，比薩很好吃。」

老闆：「哪裡，哪裡，先生您過獎了。」

「真的很好吃，你看這裡，連蒼蠅都要來分一杯羹。」

老闆一看，果真有一隻喪生於美味上的蒼蠅，二話不說，立即換上一塊剛剛做好的比薩，也是店中最貴的比薩，並附贈一杯飲料。

當時，這位心理學家就覺得湯姆森很奇怪，碰到這麼倒楣的事，一般人都已經快食不下嚥了，湯姆森竟還能心平氣和地跟老闆開玩笑，一副樂在其中的樣子。事實上，湯姆森的快樂是來自於工作，因為他早已習慣了快樂！

湯姆森這樣跟心理學家解釋：「蒼蠅本來就在比薩裡面，我只要去吃這比薩，就只有三種可能：1.沒發現，直接將蒼蠅吃到肚子裡；2.吃掉半隻蒼蠅以後才發現；3.還未鑄成大錯前就發現。

「我是何其幸運碰到第三種最佳狀態，又可以讓我只花一份錢，卻吃了兩個比薩，還賺了一杯飲料，當然快樂得不得了。」

心理學家聽完湯姆森的話後，大呼「有辦法了」，好像發現了新大陸一樣。第二天，心理學家對保險公司的老闆說，這次徵人只僱用那些能夠面對別人反覆地拒絕，卻仍能

保持樂觀的人,因為這種能力在成功的推銷中是最重要的因素。老闆接受了他的建議,以「樂觀尺度」的得分為基準,雇用了一批新業務員,這個特殊的「樂觀小組」在正常的篩選過程中全不及格,但他們第一年的業績卻比通過「正常篩選」而樂觀程度稍遜的同事高出**20%**,在第二年裡更是高出幾乎**60%**。

埃莉諾·羅斯福也是一個很好的例子,年輕時代的埃莉諾相貌平平,自己一度也很自卑、憂鬱。但富蘭克林·羅斯福卻不這樣看,在他看來,埃莉諾是個非常有內涵的女孩,也有著獨特的氣質。

富蘭克林用他具有魔法般的語言能力,深深打動了埃莉諾,從此她便試著把自己看作一個與眾不同、身心開朗的女子。漸漸地,她身上快樂的一面蓋住了憂鬱的一面,自信的光芒遮住了自卑的視窗,經過「心理整型」的她,很快便釋放出驚人的能量來,成為了美國歷史上最有氣質,最有才華,對社會生活也最有影響力的第一夫人。

很多心理學家都建議人們有時不妨假裝快樂,假裝幸福,假裝外貌出眾,這樣去做的人大都改變了心境,改善了業績,也隨之改變了命運。就像有白晝必然有黑夜一樣,一種公平的生活必然不會永遠給你陽光,許多時候,問題不是出在命運上,而是出在心態上,出在你看問題的方式與對待問題的態度上。

你想要的是什麼？

彼得·韓德先生任職卡內基公司總裁及首席執行官，卡內基公司是勵志培訓界中的先驅，在全世界八十五個國家有一百六十個分支機構。除此之外，彼得先生還是數家大公司的董事，作為一個培訓別人怎樣獲得成功與幸福的專業機構的總裁，他是怎樣獲得成功與幸福的呢？

什麼才是幸福，也許每個人的答案都不一樣，彼得先生通過一個故事講了他對幸福的理解。他說他在五歲時因為生病去看醫生，當時病痛使他很難受，醫生當時問他，你最想要的是什麼，彼得先生對醫生說：「我想要快樂。」醫生說：「那你快樂就是了。」結果他真的很快樂。

所以彼得先生說，有許多人想追求幸福，也有許多人問他，怎樣才能盡快地獲得幸福。他認為，這要先看你對幸福的定義是什麼？你的幸福定義若是家庭和諧，那你就應該想辦法跟家庭成員有更多的溝通，為此付出更多的時間，並在提升家庭成員的和諧之中，也提升自己處理家庭問題的能力。

彼得先生說：「我對幸福的定義是快樂，我不會做我不喜歡的事和不喜歡的工作。中國的一句俗語說『人在屋簷下，不得不低頭』，我不喜歡那樣的境況，我也不會那樣做。

235

由於我認為快樂就是幸福，所以我在五歲時就已經很幸福了。

斯賓諾莎說得好：「快樂不是美德的報酬，而是美德本身。」從某種意義上說，快樂本身就是一種道德，一種對自己的道德，也是一種對他人的道德。從本質上說，快樂是一種心理習慣，是一種無條件的心理感受。

一般說來，養成快樂的習慣，你就會變成一個主人而不再是一個奴隸，正如史蒂文生所言：「快樂的習慣使一個人不受——至少在很大程度上不受——外在條件的支配。」主人和奴隸，哪個更有力量，這就要看你是否能夠習慣快樂。

珍惜現在的幸福

> 人生旅途，行程匆匆，變化無常，我們常說：「只要曾經擁有過，又何必在乎得與失？」可是多少人真正珍惜過曾經擁有的呢？我們很少想我們已經擁有的，總是想得到我們所沒有的。所以，多少次幸福與我們擦肩而過，就是因為我們沒有珍惜眼前的幸福。

不要等到失去才懂得珍惜

美國的一所動物園裡，新來了一個餵河馬的飼養員。但老飼養員給他上得第一堂課，就讓他有點接受不了，聽起來也確實有點離奇，老飼養員告訴他，不要餵河馬過多的食物，不要怕牠餓著，以免牠長不大。

新來的飼養員聽了這話，十分納悶，心想：世上怎麼會有這種道理，為了讓動物長大，而不要餵過多的食物？他沒有聽老飼養員的話，拚命地餵他的河馬，在他餵養的河馬前，到處都是食物。

但兩個月後，他終於發現，他養的這隻河馬，真的沒有長多大，而老飼養員不怎麼餵

的那一隻，卻長得飛快。他以為是兩隻河馬自身的體質有差別，於是要求交換。

老飼養員沒說什麼，答應跟他換著餵。不久，老飼養員的那隻河馬，又超過了他餵的河馬，他大惑不解。

老飼養員這時才一語道破天機：「你餵的那隻河馬，就是因為不缺食物，反而不拿食物當回事，根本不好好吃食，自然長不大。而我的這一隻，總是在食物缺乏中生活，因此，牠十分懂得珍惜，所以才讓牠更加健壯。」

如果你對自己所擁有的都感到不滿的話，即使你得到了全世界也不會幸福。

珍惜，是一種正常的生命反應，甚至是一種促進，是生活中的必須，而不是離奇的假說。

我們多數人的生命都是在平淡中度過，甚至感覺不到自己所擁有的幸福，可一旦失去，才恍然大悟，傷感痛惜。人生苦短，生命是如此脆弱，如果一味追求、悔恨，還會有快樂和幸福嗎？我們要感謝所擁有的一切，好好珍惜所擁有的，好好享受所擁有的，那麼我們將會發現自己已是富翁一個，開心又幸福的日子早就在我們身邊。

生活中的不滿足，得與失，愛與恨，有時會讓我們迷茫，讓我們不知所措。我們總是千方百計地想要得到沒有的，但得到後卻又想得到更多，可曾經努力追求的很多東西，一旦得到了，又會覺得已經沒有什麼價值，等於過剩了。

其實，珍惜擁有是我們生命中的一部分，是你我最真實的生活，我們正是因為懂得珍

238

惜，才無處不獲益，才使我們的生活更美好，更多彩。

因為擁有，所以更值得珍惜

從前，有一座圓音寺，每天都有許多人上香拜佛，香火很旺。在圓音寺廟前的橫梁上，有隻蜘蛛結了張網，由於每天都受到虔誠的祭拜和香火的薰陶，蜘蛛便有了佛性。

經過了一千多年的修煉，蜘蛛的佛性增加了不少。

忽然有一天，佛祖光臨了圓音寺，看見這裡香火甚旺，十分高興。離開寺廟的時候，不經意間地抬頭，看見了橫梁上的蜘蛛。佛祖停下來，問這隻蜘蛛：「你我相見總算是有緣，我來問你個問題，看你修煉了這一千多年來，有什麼真知灼見，怎麼樣？」蜘蛛遇見佛祖很高興，連忙答應了。佛祖問道：「世間什麼才是最珍貴的？」蜘蛛想了想，回答道：「世間最珍貴的是『得不到』和『已失去』。」佛祖點了點頭，離開了。

又過了一千年，有一天，刮起了大風，風將一滴甘露吹到了蜘蛛網上。蜘蛛望著甘露，見它晶瑩透亮，很漂亮，頓生喜愛之意，蜘蛛每天看著甘露很開心，覺得這是兩千多年來最開心的幾天。但突然間，又刮起了一陣大風，將甘露吹走了，蜘蛛一下子覺得失去了什麼，感到很寂寞和難過。

這時佛祖又來了，問蜘蛛：「這一千年來，你可好好想過這個問題：世間什麼才是最

珍貴的？」蜘蛛想到了甘露，對佛祖說：「世間最珍貴的是『得不到』和『已失去』。」

佛祖說：「好，既然你仍是這麼認為，我讓你到人間走一走吧。」

就這樣，蜘蛛投胎到了一個官宦家庭，成了一位富家小姐，父母為她取了個名字叫蛛兒。一晃眼，蛛兒十六歲了，已經成了個婀娜多姿的少女，長得十分漂亮，楚楚動人。

這一日，皇帝決定在後花園舉行慶功宴席，來了許多妙齡少女，包括蛛兒，還有皇帝的小公主長風公主。新科狀元甘鹿在席間表演詩詞歌賦，大獻才藝，在場的少女無一不被他的文采吸引，為之傾心。但蛛兒一點也不緊張和吃醋，因為她知道，這是佛祖賜予她的姻緣。

過了些日子，說來很巧，蛛兒陪同母親上香拜佛的時候，正好甘鹿也陪同母親而來。上完香拜過佛，兩位長者在一邊說上了話，蛛兒和甘鹿便來到走廊上聊天。蛛兒很開心，終於可以和喜歡的人在一起了，但是甘鹿並沒有表現出對她的喜愛。蛛兒對甘鹿說：「你難道不記得十六年前，圓音寺蜘蛛網上的事情了嗎？」甘鹿很詫異，說：「蛛兒姑娘，妳很漂亮，也很討人喜歡，但妳的想像力未免豐富了一點吧。」說罷，和母親離開了。

蛛兒回到家，心想：佛祖既然安排了這場姻緣，為何不讓他記得那件事，甘鹿為何對我一點感覺都沒有？

幾天後，皇帝下詔，命新科狀元甘鹿和長風公主完婚；蛛兒則和太子芝草完婚。這一消息對蛛兒如同晴天霹靂，她怎麼也想不通，佛祖竟然這樣對她。幾日來，她不吃不喝，窮究急思，生命危在旦夕。

太子芝草知道了，急忙趕來，撲倒在床邊，對奄奄一息的蛛兒說道：「那日，在後花園眾姑娘中，我對妳一見鍾情，我苦求父皇，他才答應我倆的婚事。如果妳死了，那麼我也不活了。」說著就拿起寶劍準備自刎。

就在這時，佛祖來了，他對蛛兒的靈魂說：「蜘蛛，你可曾想過，甘露（甘鹿）是由誰帶到你這裡來的呢？是風（長風公主）帶來的，最後也是風將它帶走的。甘鹿是屬於長風公主的，他對你不過是生命中的一段插曲。而太子芝草是當年圓音寺門前的一棵小草，他看了你兩千年，愛慕了你兩千年，但你卻從沒有低下頭看過他。蜘蛛，我再來問你，世間什麼才是最珍貴的？」

蜘蛛聽了這些真相之後，好像一下子大徹大悟了，她對佛祖說：「世間最珍貴的不是『得不到』和『已失去』，而是現在能把握的幸福。」剛說完，佛祖就離開了，蛛兒的靈魂也回歸到身上，睜開眼睛，看到正要自刎的太子芝草，她馬上打落寶劍，和太子緊緊地相擁在一起。

世界上最珍貴的不是「得不到」和「已失去」，而是現在所擁有的。比如，我們今天

241

有幸擁有朋友的友誼，同事的關懷，大家庭的溫暖，那就是一種緣分，是一種給予，請珍惜這份來之不易的緣分，讓我們在工作、生活中快樂開心地度過每一天。

如果我們能保持平衡的心態，把握現在的幸福，能體會到每個人的生命都有欠缺，就不會與人做無謂的比較，反而會更加珍惜自己所擁有的一切，世上沒有一個人的生活是完美無缺的，或多或少都有不足。所以，不要再羨慕別人如何如何地好，好好想想自己的優點和擁有的幸福，換位思考，坦然接受生活的給予，把握自己心情的鑰匙，盡情享受生活的樂趣，生命的精彩。

人常說：「世上沒有後悔藥。」既然知道沒有後悔藥，為何不懂得去珍惜呢？金錢、權力、過去甚至未來，固然值得喜愛，值得擁有，值得回味或憧憬，但必須知道，現在才是最珍貴的。人啊，只有懂得珍惜了才會擁有幸福。

心靈的綠洲

沒有人的一生是一帆風順，生活的酸甜苦辣每一個人都要品嘗，我們要學會感謝生活……。

天空不可能永遠晴朗，當遇到陰雨天的時候，我們要學會感謝上帝的洗禮……。

人生的旅途當中，每一個人都會遇到困難，當別人幫助我們的時候，我們也要學會感謝別人的給予。

感謝，從未離開

讓我們學會感謝，感謝生活，感謝生命，感謝人生；讓我們學會感謝，感謝別人的給予，哪怕只是一個微不足道的笑容，一個不值一提的善意提醒。

讓我們每一個人都學會真誠的感謝——感謝每一縷陽光，每一滴雨露，每一個微笑，每一份關愛；感謝向我們伸出的每一雙援助之手，還有每一顆真誠的心。

讓我們在感謝中擁抱快樂，讓我們在感謝中珍愛友情、擁有屬於自己的一份幸福。讓我們學會感謝吧！因為它是人生中一種享用不盡的精神財富，不論是對別人還是對自己。

有這樣一則故事：

兩個在沙漠中行走多日的商人，在他們口渴難耐的時候，碰到了一個趕著駱駝的老人，老人給他們每人半碗水。兩個人面對著同樣的半碗水，卻做出了不同的反應：

其中一個人看到老人給的半碗水，十分生氣地抱怨：「這水也太少了吧！根本就不足以解渴！還不如不喝呢！」於是他不屑地把半碗水給倒掉。

另外一個人也面臨同樣的問題，他也只有半碗水喝。然而，他的想法是十分興奮地連蹦帶跳地說道：「哇！還有半碗水喝呢！這下渴不死了呀！真不錯！」

那麼，結果就十分清楚了，前者被活活渴死在茫茫的沙漠當中，後者則堅持著走出了沙漠。

故事中的老人施捨的不光是少得可憐，看似無濟於事的半碗水，更是一種愛心，一種恩情。那位能夠活到最後的商人所喝下的是一份感激之情，接受的是別人給予自己的一份愛心，也正是這種感激，這份愛心促使他堅持著走出了沙漠，挽救了自己寶貴的生命。

感恩可以說是我們生活當中一個最不被重視的細節之一，難道不是這樣嗎？父母給予我們生命，國家給予我們和平，學校給予我們職責，同事給予我們愛心與幫助，主管給予我們信任……這些點點滴滴的擁有，我們都在自己的忽略當中忘記了去感激，去感恩。

我們常會忘記充滿感激地去生活，而選擇了埋怨：今天媽媽做的飯怎麼這麼難吃啊！

244

感恩是處世的一種境界

感恩，是一份銘心之感謝。

感恩，不僅是一種心態，更是一種處世之道和做人的至高境界。

感謝父母的養育，使我們學會了怎樣做人；感謝朋友的幫助，讓我們每一天都在進步；感謝生活中的每一個微笑的人，讓生活充滿歡聲笑語；感謝每一個哭泣的人，讓淚水帶走世間的悲痛與傷感；感謝每一位為社會奉獻的人，讓人世間多一點愛心；感謝每一位辛勤勞作的人，讓世間多一分收穫；感謝每一個人，讓生活變得豐富而多彩。

在一間寺廟裡，有一位住持給寺院立了一條規矩：每年年底，寺廟裡新來的和尚都要對住持說兩個字。第一年年底的時候，住持問新和尚：「你最想對我說的兩個字是什麼

當受到別人的一點幫助的時候，我們沒有想到感謝，只是覺得這太微乎其微，例如天氣不是很晴朗，就抱怨天氣不隨人願。

我們應永遠懷著一顆感恩的心，改變態度，就能改變心情，感恩會給我們帶來無窮的歡樂，同時也會給我們增添巨大的動力。為生活中的每一份擁有而感恩，能使我們知足常樂；為工作中的每一份擁有而感恩，能使我們努力進取。

當我們驀然回首的時候會發現：原來，感恩從未離開過我們，它真的就在我們身邊。

呢？」新和尚想都沒有想，說道：「床硬。」住持什麼話也沒有說，只是笑笑走開了。

轉眼到了第二年的年底，住持又問那個新和尚：「你最想對我說的兩個字是什麼呢？」新和尚仍然不假思索，說道：「告辭。」住持望著新和尚離去的背影搖頭道：「心中有魔，難成正果，可惜！可惜！」

只有學會了感恩，人生才會沉澱出一份理性。新和尚心中的「魔」是他從來都不去想自己得到了什麼，光會一味地抱怨自己的需求沒有滿足，只知道索取，不知道回報，那麼也就更談不上感恩了。

經歷了人生歲月中的風風雨雨，我們心靈的原野彷彿在一夜之間開滿了頓悟的花朵，我們會感覺到自己的生命之所以能像一首燃燒著力與美的歌，正是因為不同的人或事，給予我們無比的激情與靈感，教會了我們如何去譜寫出人間最動人、最曼妙的旋律，由此，我們從心底致上深深地感恩。

感謝我們的朋友，是他們讓我們感受到了生活的美妙和友情的溫暖，友情是我們內心的陽光，將憂鬱、哀傷、懦弱、失望等濃重的陰影驅散。正是因為有了能夠相知又相依的朋友，我們才因此而感受到了生活的多姿多采，才感受到了朋友是我們人生當中一道不可或缺的亮麗風景。

所有的一切，都需要我們懷著一顆感恩的心去對待，心存感激的人，其內心的靈魂一

定是透著陽光與自然氣息的人，他也必定是一個懂得享受生活樂趣之人。

世界是如此美妙，生命如此美好，我們還有什麼理由不去感謝造物主給了我們一次次

來這世上經歷的機會呢？

知足常樂

幸福，是樸實的，好高騖遠、不切實際的人沒有幸福，貪心和幻想掩蓋了幸福的線索。只有適可而止、知足常樂的人，才是真正能夠接受幸福洗禮的人。

接受，才能開始享受幸福

人生在世，有苦也有甜，有成功自然也有失敗，但無論如何，我們都得平心靜氣地接受眼前的現實。無論你目前處於什麼環境，都得用樂觀的心情去面對，根本犯不著拿別人來作比較。

幸福最大的敵人，就是太多欲望，欲望越強烈，內心就越痛苦。看到別人的職位比你高、車子比你高檔、房子比你豪華⋯⋯於是內心開始不安，絞盡腦汁地想要超越他人。這些欲望難平的人們是該醒醒了，即使你有了百萬身家，可還有千萬的；有了千萬，還有億萬的；有了億萬，還有百億的⋯⋯這樣下去，你不但沒有超越所有的人，反而會把自己逼到絕境。

人要生活下去，就會有各種各樣的「欲」，餓了有食欲，渴了有飲欲，睏了有睡欲，

冷了有暖欲，缺東西用時有物欲，情實初開時有情欲。但是，凡事總要有個尺度，適可而止為上策。欲望多了、大了，就要生貪心，欲望過多過大，必然欲望難平。

人們說：「無欲則剛」，這並非不允許人們有欲，而是要克制私欲。克制私欲，就能寡欲清心，淡泊守志；克制私欲，就能清除煩惱。

「錢不在多，夠花就行；衣不在闊，暖身就成。」你有萬貫家財但可能不滿足，認為錢太少而終日苦惱；我財產不多卻認為十分富有，因而笑口常開。正因為此，老子才告訴我們：「知足常樂」，然而世人往往把財富當成幸福源泉而窮追不捨，這就是不理解「活得好」其真正意義的緣故。

追求幸福不等於追求財富，幸福是一種感覺或感受，你有萬貫家財但可能不滿足。

從前，有一頭不知足的驢子，剛開始在一個菜販子手裡幹活。主人每天給牠的食物就是普通的菜葉，也算是溫飽無憂，但牠卻不知足，總覺得付出的多，吃的少。

後來，牠向主人祈求，希望主人為牠解除現在的工作，為牠另外找一個工作。主人告訴牠，說牠將會後悔自己的要求，然後把牠轉賣給一個燒瓦匠。換了主人，驢子覺得負擔更重了，在磚瓦場裡的工作也更辛苦。牠又請求更換主人，主人告訴牠這是最後一次答應牠的請求，於是便將牠賣給一個製革匠。

驢子覺得加在牠身上的工作更重更苦了，並且牠也知道地主人是專製皮革的，於是牠呻吟著說：「在第一個主人處餓死，或者在第二個主人處工作過度累死，總比賣給現在

的主人好得多。我現在的主人，在我活著時要替他做工，在我死後，還要剝我的皮呢！」

人當然應該有不斷追求的心，但在追求之餘，也應對目前所擁有的一切做理性的省思，若不珍惜現有的一切，而做不切實際的妄想，則有可能失去一切，使自己陷入痛苦的深淵。

人的欲望永無止境，要想每一個都得到滿足，那是根本不可能的，所以我們必須要有一顆平常心，然後才能對待平常事。舉世聞名的名畫「蒙娜麗莎」，為何一幅普普通通的畫會那樣值錢？其中的原因也許知道的人不多。

當年那幅畫掛在展廳的時候根本沒人在意，畫中只不過是一個並不怎麼漂亮的女人罷了。後來有一位百萬富翁佇立在畫像前看了老半天，突然朝著畫中女人大叫起來：「天啊，妳為何笑得那樣恬靜那樣滿足呢？我為何天天忙來忙去，暈頭轉向的，煩惱不休……。」不久，那位富翁竟然瘋了。接著第二個、第三個大富翁都面對「蒙娜麗莎」的畫像相繼瘋去……從此，此畫聲名大噪。她那與世無爭、超然物外的永恆微笑，浮躁的世人是無法得到的啊！那恬靜的微笑彷彿在向世人靜靜地陳述著她內心極度滿足的幸福。

那些在太陽底下被曬得黑乎乎的農民，常常三五成群、盤膝而坐在田地旁的樹蔭下。白天的有的光著膀子，有的捲著褲腳，嘴裡叼著一根菸，瞇縫著雙眼津津有味地吸著。

勞累彷彿不存在般，這一刻是多麼悠然自得啊！路上穿梭而過的汽車，周圍高聳的大

樓……在他們眼裡好像根本不存在似的，就像我們對天上的星星和月亮毫不在意一樣。

他們最開心的是一天的勞苦，換來口袋裡多添了幾百塊錢，他們這種對生活沒有過多奢望的單純，才是真正的幸福！如此活下去，雖不是豪門富戶，但也算是快樂長伴。而大都市裡的富翁，甚至拿薪水的中產階級們，幾個能有此心境呢？

孔子有云：「君子坦蕩蕩，小人常戚戚。」人要想活得幸福，必須樹立正確的人生觀，正確地對待生活，善待人生，不斤斤計較個人得失，做到「小利不貪，小患不避」，無欲則剛，知足常樂。

知足決定幸福

知足的人總是微笑著面對人生，在知足者的眼中，世界上沒有解決不了的問題，沒有跨不過去的溝坎，他們會為自己尋找到合適的台階，絕不會庸人自擾。

人生在世，名利財物，我們就是時時刻刻永無停息、永無止境地去追求和索取，也不會有滿足的時候，相反，它還會給我們帶來無盡的坎坷和煩惱。有許多時候，我們之所以感到不順心、不幸福、不快樂，多半是由於我們的不知足。

唐人白居易寫了許多「知足」詩，其〈寄張十八〉云：「饑止一簞食，渴止一壺漿。出入止一馬，寢興止一床……胡然不知足，名利心惶惶。」世有「弱水三千」，而人能消

受的也只其中一瓢而已，多求何益？

有一個人，總是患得患失，找不著快樂，於是他來到寺廟裡，祈求神明賜給他解脫的快樂。

當他念念有詞之時，一旁的老和尚說話了：「你想尋找解脫嗎？」

他應道：「是的，所以我才來到這裡。」

老和尚看了看他的左右，說道：「好像沒人綁住你呀？」

他回道：「是沒有。」

老和尚笑了笑說道：「既然沒人捆著你，又何談解脫呢？綁住你的不是別人，而是你自己的內心，放下執著，快樂其實就在你的心中。」

正所謂：「春有百花秋有月，夏有涼風冬有雪，如無閒事掛心頭，便是人間好時節。」只有知足的人才能在失敗面前不灰心喪氣，在成功面前不驕傲自滿，始終保持一種平和淡泊、樂觀豁達的人生態度。學會知足，才能用一種超然的心態對待眼前的一切，不以物喜，不以己悲，不做世間功利的奴隸，也不為塵世中各種攪擾、牽累、煩惱所左右，使自己的人生境界不斷得到昇華。

學會知足，我們才能在當今社會愈演愈烈的物欲和令人眼花撩亂，目迷神惑的世相百態面前神凝氣靜，做到堅守自己的精神家園，執著追求自己的人生目標；學會知足，可

252

簡單，不簡單的好日子：尋回失落的美好

作　　　者	孫大為	
發　行　人	林敬彬	
主　　　編	楊安瑜	
副　主　編	黃谷光	
編　　　輯	賴珊杉	
內 頁 編 排	賴珊杉	
封 面 設 計	戴佳琪（小痕跡設計）	
編 輯 協 力	陳于雯・曾國堯	

出　　　版　　大旗出版社
發　　　行　　大都會文化事業有限公司
　　　　　　　11051 台北市信義區基隆路一段 432 號 4 樓之 9
　　　　　　　讀者服務專線：(02) 27235216
　　　　　　　讀者服務傳真：(02) 27235220
　　　　　　　電子郵件信箱：metro@ms21.hinet.net
　　　　　　　網　　　址：www.metrobook.com.tw

郵 政 劃 撥　　14050529 大都會文化事業有限公司
出 版 日 期　　2016 年 07 月初版一刷
定　　　價　　280 元
I S B N　　978-986-5719-81-4
書　　　號　　Growth-089

First published in Taiwan in 2016 by Metropolitan Culture Enterprise Co., Ltd.

4F-9, Double Hero Bldg., 432, Keelung Rd., Sec. 1, Taipei 11051, Taiwan

Tel: +886-2-2723-5216　Fax: +886-2-2723-5220
Web-site: www.metrobook.com.tw
E-mail: metro@ms21.hinet.net

國家圖書館出版品預行編目（CIP）資料

簡單，不簡單的好日子：尋回失落的美好 / 孫大為著.
-- 初版 .-- 臺北市：大都會文化，2016.07
256 面；21×14.8 公分

ISBN 978-986-5719-81-4（平裝）

1. 人生哲學 2. 生活指導

191.9　　　　　　　　　　　　　　105010261

大都會文化 讀者服務卡

書名：**簡單，不簡單的好日子：尋回失落的美好**

謝謝您選擇了這本書！期待您的支持與建議，讓我們能有更多聯繫與互動的機會。

A. 您在何時購得本書：＿＿＿＿年＿＿＿＿月＿＿＿＿日

B. 您在何處購得本書：＿＿＿＿＿＿＿書店，位於＿＿＿＿＿＿＿(市、縣)

C. 您從哪裡得知本書的消息：

　　1.□書店　2.□報章雜誌　3.□電台活動　4.□網路資訊

　　5.□書籤宣傳品等　6.□親友介紹　7.□書評　8.□其他

D. 您購買本書的動機：(可複選)

　　1.□對主題或內容感興趣　2.□工作需要　3.□生活需要

　　4.□自我進修　5.□內容為流行熱門話題　6.□其他

E. 您最喜歡本書的：(可複選)

　　1.□內容題材　2.□字體大小　3.□翻譯文筆　4.□封面　5.□編排方式　6.□其他

F. 您認為本書的封面：1.□非常出色　2.□普通　3.□毫不起眼　4.□其他

G. 您認為本書的編排：1.□非常出色　2.□普通　3.□毫不起眼　4.□其他

H. 您通常以哪些方式購書：(可複選)

　　1.□逛書店　2.□書展　3.□劃撥郵購　4.□團體訂購　5.□網路購書　6.□其他

I. 您希望我們出版哪類書籍：(可複選)

　　1.□旅遊　2.□流行文化　3.□生活休閒　4.□美容保養　5.□散文小品

　　6.□科學新知　7.□藝術音樂　8.□致富理財　9.□工商企管　10.□科幻推理

　　11.□史地類　12.□勵志傳記　13.□電影小說　14.□語言學習(＿＿＿語)

　　15.□幽默諧趣　16.□其他

J. 您對本書(系)的建議：

＿＿＿＿＿＿＿＿＿＿＿＿＿＿＿＿＿＿＿＿＿＿＿＿＿＿＿＿＿＿＿＿＿＿＿

K. 您對本出版社的建議：

＿＿＿＿＿＿＿＿＿＿＿＿＿＿＿＿＿＿＿＿＿＿＿＿＿＿＿＿＿＿＿＿＿＿＿

讀者小檔案

姓名：＿＿＿＿＿＿＿　性別：□男　□女　生日：＿＿年＿＿月＿＿日

年齡：□20歲以下　□21～30歲　□31～40歲　□41～50歲　□51歲以上

職業：1.□學生 2.□軍公教 3.□大眾傳播 4.□服務業 5.□金融業 6.□製造業

　　　7.□資訊業 8.□自由業 9.□家管 10.□退休 11.□其他

學歷：□國小或以下　□國中　□高中／高職　□大學／大專　□研究所以上

通訊地址：＿＿＿＿＿＿＿＿＿＿＿＿＿＿＿＿＿＿＿＿＿＿＿＿＿＿＿＿＿

電話：(H)＿＿＿＿＿＿＿＿　(O)＿＿＿＿＿＿＿　傳真：＿＿＿＿＿＿＿＿

行動電話：＿＿＿＿＿＿＿＿＿　E-Mail：＿＿＿＿＿＿＿＿＿＿＿＿＿＿

◎謝謝您購買本書，歡迎您上大都會文化網站(www.metrobook.com.tw)登錄會員，或至
Facebook(www.facebook.com/metrobook2)為我們按個讚，您將不定期收到最新的圖
書訊息與電子報。

簡單,不簡單的好日子
尋回失落的美好

北 區 郵 政 管 理 局
登記證北台字第 9125 號
免　貼　郵　票

大 都 會 文 化 事 業 有 限 公 司

讀 者 服 務 部 　 　 收

11051 台北市基隆路一段 432 號 4 樓之 9

寄回這張服務卡〔免貼郵票〕
您可以：
◎不定期收到最新出版訊息
◎參加各項回饋優惠活動